Yf12204

WALLSTEIN,

TRAGÉDIE.

WALLSTEIN,

TRAGÉDIE EN CINQ ACTES ET EN VERS,

PRÉCÉDÉE

DE QUELQUES RÉFLEXIONS SUR LE THÉATRE ALLEMAND,

ET SUIVIE

DE NOTES HISTORIQUES,

PAR

Benjamin CONSTANT DE REBECQUE.

A PARIS,

Chez J. J. Paschoud, Libraire, Quai des
G.ds-Augustins, N.° 11, près le pont S.-Michel.

A GENÈVE,

Chez le même Libraire

1809.

QUELQUES RÉFLEXIONS

SUR

LA TRAGÉDIE DE WALLSTEIN

ET

SUR LE THÉATRE ALLEMAND.

La guerre de trente ans est une des époques les plus remarquables de l'histoire moderne. Cette guerre éclata d'abord dans une ville de la Bohême, mais elle s'étendit avec rapidité sur la plus grande partie de l'Europe. Les opinions religieuses qui lui servaient de principe changèrent de forme. La secte de Luther remplaça presque généralement celle de Jean Huss ; mais la mémoire du supplice atroce infligé à ce dernier, continua d'animer les esprits des novateurs, même après qu'ils se furent écartés de sa doctrine.

La guerre de trente ans eut pour mobile, dans les peuples, le besoin d'acquérir la liberté religieuse; dans les Princes, le désir de conserver leur indépendance politique. Après une longue et terrible lutte, ces deux buts furent atteints. La paix de 1648 assura aux protestans l'exercice de leur culte, et aux petits Souverains de l'Allemagne la jouissance et l'accroissement de leurs droits. L'influence de la guerre de trente ans a subsisté jusqu'à notre siècle.

Le traité de Westphalie donna à l'empire germanique une constitution très-compliquée; mais cette constitution, en divisant ce corps immense en une foule de petites souverainetés particulières, valut à la nation allemande, à quelques exceptions près, un siècle et demi de liberté civile et d'administration douce et modérée. De cela seul, que trente millions de sujets se trouvèrent répartis sous un assez grand nombre de Princes, indépendans les uns des autres, et dont l'autorité, sans bornes en apparence, était limitée de fait par la petitesse de leurs possessions, il résulta pour ces trente millions d'hommes une existence ordinairement paisible, une assez grande sécurité, une liberté d'opinions presque complète, et la possibilité, pour la partie éclairée de cette société, de se livrer à la culture des lettres, au perfectionnement des arts, à la recherche de la vérité.

D'après cette influence de la guerre de trente ans, il n'est pas étonnant qu'elle ait été l'un des objets favoris des travaux des historiens et des poëtes de l'Allemagne. Ils se sont plu à retracer à la génération actuelle, sous mille formes diverses, quelle avait été l'énergie de ses ancêtres : et cette génération, qui recueillait dans le calme le bénéfice de cette énergie qu'elle avait perdue, contemplait avec curiosité, dans l'histoire et sur la scène, les hommes des tems passés, dont la force, la détermination, l'activité, le courage revêtaient, aux yeux d'une race affaiblie, les annales germaniques de tout le charme du merveilleux.

La guerre de trente ans est encore intéressante sous un autre point de vue.

On a vu sans doute, depuis cette guerre, plusieurs Monarques entreprendre des expéditions belliqueuses, et s'illustrer par la gloire des armes. Mais l'esprit militaire, proprement dit, est devenu toujours plus étranger à l'esprit des peuples. L'esprit militaire ne peut exister que lorsque l'état de la société est propre à le faire naître; c'est-à-dire, lorsqu'il y a un très-grand nombre d'hommes que le besoin, l'inquiétude, l'absence de sécurité, l'espoir et la possibilité du succès, l'habitude de l'agitation, ont jetés hors de leur assiette naturelle. Ces hommes alors aiment la guerre pour la guerre, et ils la cherchent en un lieu, quand ils ne la trouvent pas dans un autre.

De nos jours, l'état militaire est toujours subordonné à l'autorité politique. Les généraux ne se font obéir par les soldats qu'ils commandent, qu'en vertu de la mission qu'ils ont reçue de cette autorité : ils ne sont point chefs d'une troupe à eux, soldée par eux, et prête à les suivre sans qu'ils aient l'aveu d'aucun Souverain. Au commencement et jusqu'au milieu du XVIIe siècle, au contraire, on a vu des hommes, sans autre mission que le sentiment de leurs talens et de leur courage, tenir à leur solde des corps de troupes, réunir autour de leurs étendards particuliers des guerriers qu'ils dominaient par le seul ascendant de leur génie personnel, et tantôt se vendre avec leur petite armée aux Souverains qui les achetaient, tantôt essayer, le fer en main, de devenir Souverains eux-mêmes. Tel fut, dans la guerre de trente ans, ce Comte de Mansfeld, moins célèbre encore par quelques victoires, que par l'habileté qu'il déploya sans cesse dans les revers. Tels furent, bien qu'issus des maisons souveraines les plus illustres de l'Allemagne, Christian de Brunswick et même Bernard de Weymar. Tel fut enfin Wallstein, Duc de Friedland, (le héros des tragédies allemandes que je me suis proposé de faire connaître au public.)

Ce Wallstein, à la vérité, ne porta jamais les armes que pour la maison d'Autriche : mais l'armée qu'il commandait était à lui, réunie en son nom, payée par ses ordres, et avec les contributions qu'il levait sur l'Allemagne, de sa propre autorité. Il négociait comme un potentat, du sein de son camp, avec les Monarques ennemis de l'Empereur. Il voulut enfin s'assurer, de droit, l'indépendance dont il jouissait de fait ; et s'il échoua dans cette entreprise, il ne faut pas attribuer sa chute à l'insuffisance des moyens dont il disposait, mais aux fautes que lui fit commettre un mélange bizarre de superstition et d'incertitude.

L'espèce d'existence des Généraux du XVIIe siècle donnait à leur caractère une originalité dont nous ne pouvons plus avoir d'idée.

L'originalité est toujours le résultat de l'indépendance ; à mesure que l'autorité se concentre, les individus s'effacent. Toutes les pierres taillées pour la construction d'une pyramide, et façonnées pour la place qu'elles doivent remplir, prennent un extérieur uniforme. L'individualité disparaît dans l'homme, en raison de ce qu'il cesse d'être un but, et de ce qu'il devient un moyen. Cependant l'individualité peut seule inspirer de l'intérêt, surtout aux nations étrangères; car les Français, comme je le dirai tout-à-l'heure, se passent d'individualité dans les personnages de leurs tragédies, plus facilement que les Allemands et les Anglais. On conçoit donc sans peine que les poëtes de l'Allemagne qui ont voulu transporter sur la scène des époques de leur histoire, aient choisi de préférence celles où les individus existaient le plus par eux-mêmes, et se livraient, avec le moins de réserve, à leur caractère naturel. C'est ainsi que Goethe, l'auteur de Werther, a peint dans Goetz de Berlichingen, la lutte de la chevalerie expirante contre l'autorité de l'Empire, et Schiller a de même voulu retracer, dans Wallstein, les derniers efforts de l'esprit militaire, et cette vie indépendante et presque sauvage des camps, à laquelle les progrès de la civilisation ont fait succéder, dans les camps mêmes, l'uniformité, l'obéissance et la discipline.

Schiller a composé trois pièces sur la conspiration et sur la mort de Wallstein. La première est intitulée le Camp de Wallstein; la seconde, les Piccolomini; la troisième, la mort de Wallstein.

L'idée de composer trois pièces, qui se suivent et forment un grand ensemble, est empruntée des Grecs qui nommoient ce genre une Trilogie. Eschyle nous a laissé deux ouvrages pareils, son Prométhée et ses trois tragédies sur la famille d'Agamemnon. Le Prométhée d'Eschyle était, comme on sait, divisé en trois parties, dont chacune formait une pièce à part. Dans la première, on voyait Prométhée, bienfaiteur des hommes, leur apportant le feu du Ciel, et leur faisant connaître les élémens de la vie sociale. Dans la seconde, la seule qui soit venue jusqu'à nous, Prométhée est puni par les Dieux, jaloux des services qu'il a rendus à l'espèce humaine. La troisième montrait Prométhée délivré par Hercule, et réconcilié avec Jupiter.

Dans les trois tragédies qui se rapportent à la famille des Atrides, la première a pour sujet la mort d'Agamemnon; la seconde, la punition de Clytemnestre; la dernière, l'absolution d'Oreste par l'Aréopage. On voit que, chez les Grecs, chacune des pièces qui composaient leurs Trilogies avait son action particulière, qui se terminait dans la pièce même.

Schiller a voulu lier plus étroitement entr'elles les trois pièces de son Wallstein. L'action ne commence qu'à la seconde et ne finit qu'à la troisième. Le Camp est une espèce de prologue sans aucune action. On y voit les mœurs des soldats, sous les tentes qu'ils habitent : les uns chantent, les autres boivent, d'autres reviennent enrichis des dépouilles du paysan. Ils se racontent leurs exploits ; ils parlent de leur chef, de la liberté qu'il leur accorde, des récompenses qu'il leur prodigue. Les scènes se suivent, sans que rien les enchaîne l'une à l'autre : mais cette incohérence est naturelle ; c'est un tableau mouvant, où il n'y a ni passé, ni avenir. Cependant le génie de Wallstein préside à ce désordre apparent. Tous les esprits sont pleins de lui : tous célèbrent ses louanges, s'inquiètent des bruits répandus sur le mécontentement de la cour, se jurent de ne pas abandonner le Général qui les protège. L'on aperçoit tous les symptômes d'une insurrection prête à éclater, si le signal en est donné par Wallstein. On démêle en même tems les motifs secrets qui, dans chaque individu, modifient son dévouement ; les craintes, les soupçons, les calculs particuliers, qui viennent croiser l'impulsion universelle. On voit ce peuple armé, en proie à toutes les agitations populaires, entraîné par son enthousiasme, ébranlé par ses défiances, s'efforçant de raisonner, et n'y parvenant pas, faute d'habitude : bravant l'autorité, et mettant pourtant son honneur à obéir à son chef: insultant à la religion, et recueillant avec avidité toutes les traditions superstitieuses : mais toujours fier de sa force, toujours plein de mépris pour toute autre profession que celle des armes, ayant pour vertu le courage et pour but le plaisir du jour.

Il serait impossible de transporter sur notre théâtre cette singulière production du génie, de l'exactitude et je dirai même de l'érudition allemande; car il a fallu de l'érudition pour rassembler en un corps tous les traits qui distinguaient les armées du XVIIe siècle, et qui ne conviennent plus à aucune armée moderne. De nos jours, dans les camps, comme dans les cités, tout est fixe, régulier, soumis. La discipline a remplacé l'effervescence ; s'il y a des désordres partiels, ce sont des exceptions qu'on tâche de prévenir. Dans la guerre de trente ans, au contraire, ces désordres étaient l'état permanent, et la jouissance d'une liberté grossière et licencieuse, le dedommagement des dangers et des fatigues.

La seconde pièce a pour titre les Piccolomini. Dans cette pièce commence l'action ; mais la pièce finit, sans que l'action se termine. Le nœud se forme, les caractères se développent, la dernière scène du cinquième acte arrive, et la toile tombe. Ce n'est que dans la troisième pièce, dans la mort de Wallstein, que le poëte a placé le dénouement. Les deux premières ne sont donc en réalité qu'une exposition, et cette exposition contient plus de quatre mille vers.

Les trois pièces de Schiller ne semblent pas pouvoir être représentées séparément; elles le sont cependant en Allemagne. Les Allemands tolèrent ainsi tantôt une pièce sans action, le Camp de Wallstein ; tantôt une action sans dénouement, les Piccolomini ; tantôt un dénouement sans exposition, la mort de Wallstein.

En concevant le projet de faire connaître au public français cet ouvrage de Schiller, j'ai senti qu'il fallait réunir en une seule les trois pièces de l'original. Cette entreprise offrait beaucoup de difficultés; une traduction, ou même une imitation exacte étoit impossible. Il aurait fallu resserrer en deux mille vers, à peu près, ce que l'auteur allemand a exprimé en neuf mille. Or l'exemple de tous ceux qui ont voulu traduire en Alexandrins des poëtes étrangers, prouve que ce genre de vers nécessite des circonlocutions continuelles. Le plus habile de nos traducteurs en vers, l'abbé Delille, malgré son prodigieux talent, n'a pu néanmoins vaincre tout-à-fait, sous ce rapport, la nature de notre langue. Il a rendu fréquemment Virgile et Milton par des périphrases très-élégantes et très-harmonieuses, mais beaucoup plus longues que l'original. Boileau, en traduisant le commencement de l'Enéide, a mis trois vers pour deux, comme le remarque M. de la Harpe, et pourtant il a supprimé l'une des circonstances les plus essentielles dont l'auteur latin avait voulu frapper l'esprit du lecteur.

J'aurais donc eu à lutter, dans une traduction, contre un premier obstacle, et j'en aurais rencontré un second dans le sujet en lui-même. Tout ce qui se rapporte à la guerre de trente ans, dont le théâtre a été en Allemagne, est national pour les Allemands, et, comme tel, est connu de tout le monde. Les noms de Wallstein, de Tilly, de Bernard de Weymar, d'Oxenstiern, de Mansfeld, réveillent dans la mémoire de tous les spectateurs des souvenirs qui n'existent point pour nous. De là résultait pour Schiller la possibilité d'une foule d'allusions rapides que ses compatriotes comprenaient sans peine, mais qu'en France personne n'aurait saisies.

Il y a en général, parmi nous, une certaine négligence de l'histoire étrangère, qui s'oppose presqu'entièrement à la composition des tragédies historiques, telles qu'on en voit dans les littératures voisines. Les tragédies mêmes qui ont pour sujet des traits de nos propres annales, sont exposées à beaucoup d'obscurité. L'auteur des Templiers a dû ajouter à son ouvrage des notes explicatives, tandis que Schiller, dans sa Jeanne d'Arc, sujet français, qu'il présentait à un public allemand, était sûr de rencontrer dans ses auditeurs assez de connaissances pour le dispenser de tout commentaire. Les tragédies qui ont eu le plus de succès en France, sont ou purement d'invention, parce qu'alors elles n'exigent que très-peu de notions préalables, ou tirées, soit de la Mythologie grecque, soit de l'histoire romaine, parce que l'étude de cette mythologie et de cette histoire fait partie de notre première éducation.

La familiarité du dialogue tragique, dans les vers Iambiques ou non-rimés des Allemands, eût encore été, pour un traducteur, une difficulté très-grande. La langue de la tragédie allemande n'est point astreinte à des règles aussi délicates, aussi dédaigneuses que la nôtre. La pompe inséparable des Alexandrins nécessite dans l'expression une certaine noblesse soutenue. Les auteurs Allemands peuvent employer, pour le développement des caractères, une quantité de circonstances accessoires qu'il serait impossible de mettre sur notre théâtre sans déroger à la dignité requise : et cependant ces petites circonstances répandent dans le tableau présenté de la sorte beaucoup de vie et de vérité. Dans le Goetz de Berlichingen de Goethe, ce guerrier, assiégé dans son château par une armée impériale, donne à ses soldats un dernier repas pour les encourager. Vers la fin de ce repas, il demande du vin à sa femme, qui, suivant les usages de ces tems, est à la fois la dame et la ménagère du château. Elle lui répond à demi-voix qu'il n'en reste plus qu'une seule cruche qu'elle a réservée pour lui. Aucune tournure poétique ne permettrait de transporter ce détail sur notre théâtre : l'emphase des paroles ne ferait que gâter le naturel de la situation, et ce qui est touchant en Allemand, ne serait en Français que ridicule. Il me semble néanmoins facile de concevoir, malgré nos habitudes contraires, que ce trait, emprunté de la vie commune, est plus propre que la description la plus pathétique à faire ressortir la situation du héros de la pièce, d'un vieux guerrier couvert de gloire, fier de ses droits héréditaires et de son opulence antique, chef naguère de vassaux nombreux, maintenant renfermé dans un dernier asile, et luttant avec quelques amis intrépides et fidèles contre les horreurs de la disette et la vengeance de l'Empereur. Dans le Gustave Vasa de Kotzebue, l'on voit Christiern, le tyran de la Suède, tremblant dans son palais, qui est entouré par une multitude irritée. Il se défie de ses propres gardes, de ses créatures les plus dévouées, et force un vieux serviteur qui lui reste encore à goûter le premier les mets qu'il lui apporte. Ce trait exprimé dans le dialogue le plus simple, et sans aucune pompe tragique, peint, selon moi, mieux que tous les efforts du poëte n'auraient pu le faire, la pusillanimité, la défiance et l'abjection du tyran demi-vaincu.

Schiller nous montre Jeanne d'Arc, dénoncée par son père, comme sorcière, au milieu même de la fête destinée au couronnement de Charles VII, qu'elle a replacé sur le trône de la France. Elle est forcée de fuir; elle cherche un asile, loin du peuple qui la menace et de la cour qui l'abandonne. Après une route longue et pénible, elle arrive dans une cabane; la fatigue l'accable, la soif la dévore; un paysan, touché de compassion, lui présente un peu de lait : au moment où elle le porte à ses lèvres, un enfant qui l'a regardée pendant quelques instans avec attention, lui arrache la coupe, et s'écrie : c'est la sorcière d'Orléans. Ce tableau, qu'il serait impossible de transporter sur la scène française, fait toujours éprouver aux spectateurs un frémissement universel : ils se sentent frappés à la fois, et de la proscription qui poursuit, jusques dans les lieux les plus reculés, la libératrice d'un grand empire, et de la disposition des esprits, qui rend cette proscription plus inévitable et plus cruelle. De la sorte, les deux choses importantes, l'époque et la situation, se retracent à l'imagination d'un seul mot, par une circonstance purement accidentelle.

Les Allemands font un grand usage de ces moyens. Les rencontres fortuites, l'arrivée de personnages subalternes et qui ne tiennent point au sujet, leur fournissent un genre d'effets que nous ne connaissons point sur notre théâtre. Dans nos tragédies, tout se passe immédiatement entre les héros et le public. Les confidens sont toujours soigneusement sacrifiés. Ils sont là pour écouter, quelquefois pour répondre, et de tems en tems pour raconter la mort du héros, qui dans ce cas ne peut pas nous en instruire lui-même. Mais il n'y a rien de moral dans toute leur existence. Toute réflexion, tout jugement, tout dialogue entr'eux leur est sévèrement interdit. Il serait contraire à la subordination théâtrale qu'ils excitassent le moindre intérêt. Dans les tragédies Allemandes, indépendamment des héros et de leurs confidens, qui, comme on vient de le voir, ne sont que des machines, dont la nécessité nous fait pardonner l'invraisemblance, il y a, sur un second plan, une seconde espèce d'acteurs, spectateurs eux-mêmes, en quelque sorte, de l'action principale, qui n'exerce sur eux qu'une influence très-indirecte. L'impression que produit, sur cette classe de personnages, la situation des personnages principaux, m'a paru souvent ajouter à celle qu'en reçoivent les spectateurs proprement dits. Leur opinion est, pour ainsi dire, devancée et dirigée par un public intermédiaire, plus voisin de ce qui se passe, et non moins impartial qu'eux.

Tel devoit être, à peu près, si je ne me trompe, l'effet des Chœurs dans les tragédies grecques. Ces Chœurs portaient un jugement sur les sentimens et les actions des Rois et des héros, dont ils contemplaient les crimes et les misères. Il s'établissait, par ce jugement, une correspondance morale entre la scène et le parterre, et ce dernier devait trouver quelque jouissance à voir décrites et définies, dans un langage harmonieux, les émotions qu'il éprouvait.

Je n'ai vu qu'une seule fois une pièce, dans laquelle on avait tenté d'introduire les Chœurs des anciens. C'était la Fiancée de Messine, toujours de Schiller. Je m'y étais rendu avec beaucoup de préjugés contre cette imitation de l'antique. Néanmoins ces maximes générales, exprimées par le peuple, et qui prenaient plus de vérité et plus de chaleur, parce qu'elles lui paraissaient suggérées par la conduite de ses chefs et par les malheurs qui rejaillissaient sur lui-même, cette opinion publique, personnifiée en quelque sorte, et qui allait chercher au fond de mon cœur mes propres pensées, pour me les présenter avec plus de précision, d'élégance et de force, cette pénétration du poëte, qui devinait ce que je devais sentir, et donnait un corps à ce qui n'était en moi qu'une rêverie vague et indéterminée, me firent éprouver un genre de satisfaction dont je n'avais pas encore eu l'idée.

L'introduction des Chœurs dans la tragédie n'a point eu cependant de succès en Allemagne. Il est probable qu'on y a renoncé à cause des embarras de l'exécution. Il faudrait des acteurs très-exercés pour qu'un certain nombre d'entr'eux, parlant et gesticulant tous en même tems, ne produisissent pas une confusion voisine du ridicule *. Schiller d'ailleurs, dans sa tentative, avait dénaturé le Chœur des anciens. Il n'avait pas osé le laisser aussi étranger à l'action qu'il l'est dans les meilleures tragédies de l'antiquité, celles de Sophocle : car je ne parle pas ici des Chœurs d'Euripide, de ce poëte admirable, sans doute, par son talent dans la sensibilité et dans l'ironie, mais prétentieux, déclamateur, ambitieux d'effets, et qui, par ses défauts et même par ses beautés, ravit le premier à la tragédie grecque la noble simpli-

---

* Schiller n'avait pas introduit les Chœurs chantant, mais parlant.

cité qui la distinguait. Schiller, pour se rapprocher du goût de son siècle, avait cru devoir diviser le Chœur en deux moitiés, dont chacune était composée des partisans des deux héros, qui, dans sa pièce, se disputent la main d'une femme. Il avait, par ce ménagement malentendu, dépouillé le Chœur de l'impartialité qui donne à ses paroles du poids et de la solennité.

Le Chœur ne doit jamais être que l'organe, le représentant du peuple entier; tout ce qu'il dit doit être une espèce de retentissement sombre et imposant du sentiment général. Rien de ce qui est passionné ne peut lui convenir, et dès que l'on imagine de lui faire jouer un rôle et prendre un parti dans la pièce même, on le dénature, et son effet est manqué.

Mais si les Allemands ont rejeté l'introduction des Chœurs dans leurs tragédies, celle d'une quantité de personnages subalternes qui arrivent d'une manière naturelle, bien qu'accidentelle sur la scène, remplace à beaucoup d'égards, comme nous l'avons observé précédemment, l'usage des Chœurs. Pour nous en convaincre, il ne faut qu'examiner ce qu'a fait Schiller dans son Guillaume Tell, et rechercher ce qu'aurait fait un poëte Grec traitant la même situation. Tell, échappé aux poursuites de Gessler, a gravi la cime d'un rocher sauvage qui domine sur une route, par laquelle Gessler doit passer. Le paysan Suisse attend son ennemi, tenant en main l'arc et les flèches qui, après avoir servi l'amour paternel, doivent maintenant servir la vengeance. Il se retrace, dans un monologue, la tranquillité et l'innocence de sa vie précédente. Il s'étonne lui-même de se voir jeté tout-à-coup par la tyrannie hors de l'existence obscure et paisible que le sort semblait lui avoir destinée. Il recule devant l'action qu'il se trouve forcé de commettre. Ses mains encore pures frémissent d'avoir à se rougir, même du sang d'un coupable. Il le faut cependant, il le faut pour sauver sa vie, celle de son fils, celle de tous les objets de son affection. Nul doute que, dans une tragédie Grecque, le Chœur n'eût alors pris la parole, pour réduire en maximes les sentimens qui se pressent en foule dans l'ame du spectateur. Schiller, n'ayant pas cette ressource, y supplée par l'arrivée d'une noce champêtre qui passe, au son des instrumens, près des lieux où Tell est caché. Le contraste de la gaîté de cette troupe joyeuse et de la situation de Guillaume Tell, suggère à l'instant au spectateur toutes les réflexions que le Chœur aurait exprimées. Guillaume Tell est de la même classe que ces hommes qui marchent ainsi dans l'insouciance. Il est pauvre, inconnu, laborieux, innocent comme eux. Comme eux, il paraissait n'avoir rien à craindre d'un pouvoir élevé si fort au-dessus de lui : et son obscurité, pourtant, ne lui a pas servi d'asile. Le Chœur des Grecs eût développé cette vérité dans un langage sentencieux et poétique. La tragédie Allemande la fait ressortir avec non moins de force par l'apparition d'une troupe de personnages étrangers à l'action, et qui n'ont avec elle aucun rapport ultérieur.

D'autres fois ces personnages secondaires servent à développer d'une manière piquante et profonde les caractères principaux. Werner, connu, même en France, par le succès mérité de sa tragédie de Luther, et qui réunit au plus haut degré deux qualités inconciliables en apparence, l'observation spirituelle et souvent plaisante du cœur humain, et une mélancolie enthousiaste et rêveuse, Werner, dans son Attila, présente à nos regards la cour nombreuse de Valentinien, se livrant aux danses, aux concerts, à tous les plaisirs, tandis que le fléau de Dieu est aux portes de Rome. On voit le jeune Empereur et ses favoris, n'ayant d'autre soin que de repousser les nouvelles fâcheuses qui pourraient interrompre leurs amusemens, prenant la vérité pour un indice de malveillance, la prévoyance pour un acte de sédition, ne considérant comme des sujets fidèles que ceux qui nient les faits dont la connaissance les importunerait, et pensant faire reculer ces faits, en n'écoutant pas ceux qui les rapportent. Cette insouciance mise sous les yeux du spectateur, le frappe beaucoup plus qu'un simple récit n'aurait pu le faire.

Je suis loin de recommander l'introduction de ces moyens dans nos tragédies. L'imitation des tragiques allemands me semblerait très-dangereuse pour les tragiques français. Plus les écrivains d'une nation ont pour but exclusif de faire effet, plus ils doivent être assujettis à des règles sévères. Sans ces règles, ils multiplieraient, pour arriver à leur but, des tentatives dans lesquelles ils s'écarteraient toujours davantage de la vérité, de la nature et du goût.

C'est en France qu'a été inventée cette maxime, qu'il valait mieux frapper fort que juste. Contre un pareil principe il faut des règles fixes, qui empêchent les écrivains de frapper tellement fort qu'ils ne frappent plus juste du tout. Toutes les fois que les tragiques français ont voulu transporter sur notre théâtre des moyens empruntés des théâtres étrangers, ils ont été plus prodigues de ces moyens, plus bizarres, plus exagérés dans leur usage, que les étrangers qu'ils imitaient. Je pense donc que c'est sagement et avec raison, que nous avons refusé à nos écrivains dramatiques la liberté que les Allemands et les Anglais accordent aux leurs, celle de produire des effets variés par la musique, les rencontres fortuites, la multiplicité des acteurs, le changement des lieux, et même les spectres, les prodiges et les échafauds. Comme il est beaucoup plus facile de faire effet par de telles ressources que par les situations, les sentimens et les caractères, il serait à craindre, si ces ressources étaient admises, que nous ne vissions bientôt plus sur notre théâtre, que des échafauds, des combats, des fêtes, des spectres et des changemens de décoration.

Il y a dans le caractère des Allemands une fidélité, une candeur, un scrupule qui retiennent toujours l'imagination dans de certaines bornes. Leurs écrivains ont une conscience littéraire, qui leur donne presqu'autant le besoin de l'exactitude historique et de la vraisemblance morale, que celui des applaudissemens du public. Ils ont dans le cœur une sensibilité naturelle et profonde qui se plaît à la peinture des sentimens vrais. Ils y trouvent une telle jouissance, qu'ils s'occupent beaucoup plus de ce qu'ils éprouvent que de l'effet qu'ils produisent. En conséquence, tous leurs moyens extérieurs, quelque multipliés qu'ils paraissent, ne sont que des accessoires. Mais en France, où l'on ne perd jamais le public de vue, en France, où l'on ne parle, n'écrit et n'agit que pour les autres, les accessoires pourraient bien devenir le principal. En interdisant à nos poètes des moyens de succès trop faciles, on les force à tirer un meilleur parti des ressources qui leur restent et qui sont bien supérieures, le développement des caractères, la lutte des passions, la connaissance, en un mot, du cœur humain. J'ai cru devoir observer les règles de notre théâtre, même dans un ouvrage destiné à faire connaître le théâtre allemand, et j'ai supprimé beaucoup de petits incidens de la nature de ceux dont j'ai parlé ci-dessus.

J'ai retranché, par exemple, une assez longue scène entre les Généraux, après un festin durant lequel Tersky leur a fait signer l'engagement de rester fidèles à Wallstein, contre la volonté même de la cour. Cette scène, dans laquelle Tersky, pour les amener à son but, leur rappelle tous les bienfaits qu'ils ont reçus de leur chef, bienfaits dont l'énumération seule forme un tableau piquant de l'état de cette armée, de son indiscipline, de son exigeance, et de l'esprit d'égalité qui se combinait alors avec l'esprit militaire; cette scène, dis-je, est d'une originalité remarquable, et d'une grande vérité locale; mais elle ne pouvait être rendue qu'avec des expressions que notre style tragique repousse. Elle introduisait d'ailleurs une foule d'acteurs qui ne contribuaient point à la marche de l'action et ne reparaissaient plus dans le cours de la pièce.

J'ai renoncé de même, mais avec plus de regret, à traduire ou à imiter une autre scène, dans laquelle Wallstein, commençant à se déshabiller sur le théâtre, pour aller prendre du repos, voit se casser tout-à-coup la chaîne à laquelle est suspendu l'ordre de la toison d'or. Cette chaîne était le premier présent que Wallstein eût reçu de l'Empereur, alors Archiduc, dans la guerre du Frioul, lorsque tous deux, à l'entrée de la vie, étaient unis par une affection que rien ne semblait devoir troubler. Wallstein tient en main les fragmens de cette chaîne brisée. Il se retrace toute l'histoire de sa jeunesse; des souvenirs mêlés de remords l'assiègent; il éprouve une crainte vague; son bonheur lui avait paru long-tems attaché à la conservation de ce premier don d'une amitié maintenant abjurée. Il en contemple tristement les débris. Il les rejette enfin loin de lui avec effort. « Je marche, » s'écrie-t-il, dans une carrière opposée. La » force de ce talisman n'existe plus. »

Le spectateur, qui sait que le poignard est suspendu sur la tête du héros, reçoit une impression très-profonde de ce présage que Wallstein méconnaît, et des paroles qui lui échappent, sans qu'il les comprenne. Ce genre d'effet tient à la disposition du cœur de l'homme, qui, dans toutes ses émotions de frayeur, d'attendrissement ou de pitié, est toujours ramené à ce que nous appelons la superstition, par une force mystérieuse dont il ne peut s'affranchir. Beaucoup de gens n'y voient qu'une faiblesse puérile. Je suis tenté, je l'avoue, d'avoir du respect pour tout ce qui prend sa source dans la nature.

Une suppression plus importante à laquelle je me suis condamné, c'est celle de plusieurs scènes dans lesquelles Schiller faisait paraître de simples soldats, les uns au milieu de la révolte, et que Wallstein s'efforçait de ramener à son parti, les autres qu'un Général gagné par la cour, engageait à assassiner Wallstein.

Les scènes des assassins de Banco, dans Macbeth, sont frappantes par leur laconisme et leur énergie : celle des assassins de Wallstein ont un autre genre de mérite. La manière dont Schiller développe les motifs qu'on leur présente, et gradue l'effet que produisent sur eux ces motifs; la lutte qui a lieu dans ces ames farouches entre l'attachement et l'avidité; l'adresse avec laquelle celui qui veut les séduire proportionne ses argumens à leur intelligence grossière, et leur fait du crime un devoir, et de la reconnaissance un crime, leur empressement à saisir tout ce qui peut les excuser à leurs propres yeux, lorsqu'ils se sont déterminés à verser le sang de leur général; le besoin qu'on aperçoit, même dans ces cœurs corrompus, de se faire illusion à eux-mêmes, et de tromper leur propre conscience en couvrant d'une apparence de justice l'attentat qu'ils vont exécuter; enfin le raisonnement qui les décide, et qui décide, dans tant de situations différentes, tant d'hommes qui se croient honnêtes, à commettre des actions que leur sentiment intérieur condamne, parce qu'à leur défaut d'autres s'en rendraient les instrumens, tout cela est d'un grand effet tant moral que dramatique. Mais le langage de ces assassins est vulgaire, comme leur état et leurs sentimens. Leur prêter des expressions relevées, c'eût été manquer à la vérité des caractères, et dans ce cas la noblesse du dialogue serait devenue une inconvenance.

J'avais essayé de mettre en récit ce que Schiller a mis en action. Je m'étais appliqué surtout à faire ressortir l'idée principale, la considération décisive, qui impose silence à toutes les objections et l'emporte sur tous les scrupules. Buttler, après avoir raconté ses efforts pour convaincre ses complices finissait par ces vers :

Lorsque je leur ai dit que s'offrant à leur place,
D'autres briguoient déjà mon choix comme une grâce,
Que le prix étoit prêt, que d'autres, cette nuit,
De leur fidélité recueilleraient le fruit,
Chacun a regardé son plus proche complice;
Leurs yeux brilloient d'espoir, d'envie et d'avarice;
D'une sombre rougeur leurs fronts se sont couverts;
Ils répétoient tout bas : d'autres se sont offerts.

Mais j'ai senti bientôt que je tomberais dans

une invraisemblance qu'aucun détail ne rendrait excusable. Buttler, cherchant à faire partager à Isolan son projet d'assassinat, ne pouvait, sans absurdité, s'étendre avec complaisance sur la bassesse et l'avidité de ceux qu'il avoit choisis pour remplir ses vues.

L'obligation de mettre en récit ce que, sur d'autres théâtres, on pourrait mettre en action, est un écueil dangereux pour les tragiques français. Ces récits ne sont presque jamais placés naturellement. Celui qui raconte n'est point appelé par sa situation ou son intérêt à raconter de la sorte. Le poëte d'ailleurs se trouve entraîné invinciblement à rechercher des détails d'autant moins dramatiques qu'ils sont plus pompeux. On a relevé mille fois l'inconvenance du superbe récit de Théramène dans Phèdre. Racine ne pouvant, comme Euripide, présenter aux spectateurs Hippolyte déchiré, couvert de sang, brisé par sa chute, et dans les convulsions de la douleur et de l'agonie, a été forcé de faire raconter sa mort; et cette nécessité l'a conduit à blesser, dans le récit de cet événement terrible, et la vraisemblance, et la nature, par une profusion de détails poétiques, sur lesquels un ami ne peut s'étendre, et qu'un père ne peut écouter.

Les retranchemens dont je viens de parler, une foule d'autres dont l'indication serait trop longue, plusieurs additions qui m'ont semblé nécessaires, font que l'ouvrage que je présente au public n'est nullement une traduction. Il n'y a pas, dans les trois tragédies de Schiller, une seule scène que j'aie conservée en entier. Il y en a quelques-unes dans ma pièce dont l'idée même n'est pas dans Schiller. Il y a quarante-huit acteurs dans l'original allemand, il n'y en a que douze dans mon ouvrage. L'unité de tems et de lieu, que j'ai voulu observer, quoique Schiller s'en fût écarté suivant l'usage de son pays, m'a forcé à tout bouleverser et à tout refondre.

Je ne veux point entrer ici dans un examen approfondi de la règle des unités. Elles ont certainement quelques-uns des inconvéniens que les nations étrangères leur reprochent. Elles circonscrivent les tragédies, surtout historiques, dans un espace qui en rend la composition très-difficile. Elles forcent le poëte à négliger souvent, dans les événemens et les caractères, la vérité de la gradation, la délicatesse des nuances : ce défaut domine dans presque toutes les tragédies de Voltaire ; car l'admirable génie de Racine a été vainqueur de cette difficulté comme de tant d'autres. Mais à la représentation des pièces de Voltaire, on aperçoit fréquemment des lacunes, des transitions trop brusques. On sent que ce n'est pas ainsi qu'agit la nature. Elle ne marche point d'un pas si rapide : elle ne saute pas de la sorte les intermédiaires.

Cependant, malgré les gênes qu'elles imposent et les fautes qu'elles peuvent occasionner, les unités me semblent une loi sage. Les changemens de lieu, quelqu'adroitement qu'ils soient effectués, forcent le spectateur à se rendre compte de la transposition de la scène, et détournent ainsi une partie de son attention de l'intérêt principal : après chaque décoration nouvelle, il est obligé de se remettre dans l'illusion dont on l'a fait sortir. La même chose lui arrive, lorsqu'on l'avertit du tems qui s'est écoulé d'un acte à l'autre. Dans les deux cas, le poëte reparaît, pour ainsi dire, en avant des personnages, et il y a une espèce de prologue ou de préface sous-entendue, qui nuit à la continuité de l'impression.

En me conformant aux règles de notre théâtre pour les unités, pour le style tragique, pour la dignité de la tragédie, j'ai voulu rester fidèle au système allemand sur un article plus essentiel.

Les Français, même dans celles de leurs tragédies qui sont fondées sur la tradition ou sur l'histoire, ne peignent qu'un fait ou une passion. Les Allemands, dans les leurs, peignent une vie entière et un caractère entier.

Quand je dis qu'ils peignent une vie entière, je ne veux pas dire qu'ils embrassent dans leurs pièces toute la vie de leurs héros. Mais ils n'en omettent aucun événement important; et la réunion de ce qui se passe sur la scène et de ce que le spectateur apprend par des récits ou par des allusions, forme un tableau complet, d'une scrupuleuse exactitude.

Il en est de même du caractère. Les Allemands n'écartent de celui de leurs personnages rien de ce qui constituait leur individualité. Ils nous les présentent avec leurs foiblesses, leurs inconséquences et cette mobilité ondoyante, qui appartient à la nature humaine et qui forme les êtres réels.

Les Français ont un besoin d'unité qui leur fait suivre une autre route. Ils repoussent des caractères tout ce qui ne sert pas à faire ressortir la passion qu'ils veulent peindre : ils suppriment de la vie antérieure de leurs héros tout ce qui ne s'enchaîne pas nécessairement au fait qu'ils ont choisi.

Qu'est-ce que Racine nous apprend sur Phèdre ? Son amour pour Hippolyte, mais nullement son caractère personnel, indépendamment de cet amour. Qu'est-ce que le même poëte nous fait connaître d'Oreste ? Son amour pour Hermione. Les fureurs de ce prince ne viennent que des cruautés de sa maîtresse. On le voit à chaque instant prêt à s'adoucir, pour peu qu'Hermione lui donne quelqu'espérance. Ce meurtrier de sa mère paraît même avoir tout-à-fait oublié le forfait qu'il a commis. Il n'est occupé que de sa passion: il parle, après son parricide, de son innocence qui lui pèse, et si, lorsqu'il a tué Pyrrhus, il est poursuivi par les furies, c'est que Racine a trouvé, dans la tradition mythologique, l'occasion d'une scène superbe, mais qui ne tient point à son sujet, tel qu'il l'a traité.

Ceci n'est point une critique. Andromaque est l'une des pièces les plus parfaites qui existent chez aucun peuple, et Racine, ayant adopté le système français, a dû écarter, autant qu'il le pouvait, de l'esprit du spectateur, le souvenir du meurtre de Clytemnestre. Ce souvenir était inconciliable avec un amour pareil à celui d'Oreste pour Hermione. Un fils, couvert du sang de sa mère, et ne songeant qu'à sa maîtresse, aurait produit un effet révoltant. Racine l'a senti, et pour éviter plus sûrement cet écueil, il a supposé qu'Oreste n'était allé en Tauride qu'afin de se délivrer par la mort de sa passion malheureuse.

L'isolement dans lequel le système français, présente le fait qui forme le sujet, et la passion qui est le mobile de chaque tragédie a d'incontestables avantages.

En dégageant le fait que l'on a choisi de tous les faits antérieurs, on porte plus directement l'intérêt sur un objet unique. Le héros est plus dans la main du poëte qui s'est affranchi du passé; mais il y a peut-être aussi une couleur un peu moins réelle, parce que l'art ne peut jamais suppléer entièrement à la vérité, et que le spectateur, lors même qu'il ignore la liberté que l'auteur a prise, est averti, par je ne sais quel instinct, que ce n'est pas un personnage historique, mais un héros factice, une créature d'invention qu'on lui présente.

En ne peignant qu'une passion, au lieu d'embrasser tout un caractère individuel, on obtient des effets plus constamment tragiques, parce que les caractères individuels, toujours mélangés, nuisent à l'unité de l'impression. Mais la vérité y perd peut-être encore. On se demande ce que seraient les héros qu'on voit, s'ils n'étaient dominés par la passion qui les agite, et l'on trouve qu'il ne resterait dans leur existence que peu de réalité. D'ailleurs il y a bien moins de variété dans les passions propres à la tragédie, que dans les caractères individuels, tels que les crée la nature. Les caractères sont innombrables. Les passions théâtrales sont en petit nombre.

Sans doute l'admirable génie de Racine qui triomphe de toutes les entraves, met de la diversité dans cette uniformité même. La jalousie de Phèdre n'est pas celle d'Hermione; et l'amour d'Hermione n'est pas celui de Roxane. Cependant la diversité me semble plutôt encore dans la passion, que dans le caractère de l'individu.

Il y a bien peu de différence entre les caractères d'Aménaïde et d'Alzire. Celui de Polyphonte convient à presque tous les tyrans mis sur notre théâtre, tandis que celui de Richard III, dans Shakespear, ne convient qu'à Richard III. Polyphonte n'a que des traits généraux, exprimés avec art, mais qui n'en font point un être distinct, un être individuel. Il a de l'ambition, et, pour son ambition, de la cruauté et de l'hypocrisie. Richard III réunit à ces vices, qui sont de nécessité dans son rôle, beaucoup de choses qui ne peuvent appartenir qu'à lui seul. Son mécontentement contre la nature, qui, en lui donnant une figure hideuse et difforme, semblé l'avoir condamné à ne jamais inspirer d'amour, ses efforts pour vaincre un obstacle qui l'irrite, sa coquetterie avec les femmes, son étonnement de ses succès auprès d'elles, le mépris qu'il conçoit pour des êtres si faciles à séduire, l'ironie avec laquelle il manifeste ce mépris, tout le rend un être particulier. Polyphonte est un genre, Richard III un individu.

Pour faire de Wallstein un personnage tragique à la manière française, il aurait suffi de fondre ensemble de l'ambition et des remords. Mais je me suis proposé, à l'exemple de Schiller, de peindre Wallstein, à peu près tel qu'il était, ambitieux à la vérité, mais en même tems superstitieux, inquiet, incertain, jaloux des succès des étrangers dans sa patrie, lors même que leurs succès favorisaient ses propres entreprises, et marchant souvent contre son but, en se laissant entraîner par son caractère.

Je n'ai pas même voulu supprimer son penchant pour l'astrologie, bien que les lumières de notre siècle puissent faire regarder comme hasardée la tentative de revêtir d'une teinte tragique cette superstition. Nous n'envisageons guère en France la superstition que de son côté ridicule. Elle a cependant ses racines dans le cœur de l'homme, et la philosophie elle-même, lorsqu'elle s'obstine à n'en pas tenir compte, est superficielle et présomptueuse. La nature n'a point fait de l'homme un être isolé, destiné seulement à cultiver la terre et à la peupler, et n'ayant, avec tout ce qui n'est pas de son espèce, que les rapports arides et fixes, que l'utilité l'invite à établir entr'eux et lui. Une grande correspondance existe entre tous les êtres moraux et physiques. Il n'y a personne, je le pense, qui, laissant errer ses regards sur un horizon sans bornes, ou se promenant sur les rives de la mer que viennent battre les vagues, ou levant les yeux vers le firmament parsemé d'étoiles, n'ait éprouvé une sorte d'émotion qu'il lui était impossible d'analyser ou de définir. On dirait que des voix descendent du haut des cieux, s'élancent de la cime des rochers, retentissent dans les torrens ou dans les forêts agitées, sortent des profondeurs des abîmes. Il semble y avoir je ne sais quoi de prophétique dans le vol pesant du corbeau, dans les cris funèbres des oiseaux de la nuit, dans les rugissemens éloignés des bêtes sauvages. Tout ce qui n'est pas civilisé, tout ce qui n'est pas soumis à la domination artificielle de l'homme, répond à son cœur. Il n y a que les choses qu'il a façonnées pour son usage qui soient muettes, parce qu'elles sont mortes. Mais ces choses mêmes, lorsque le tems anéantit leur utilité, reprennent une vie mystique. La destruction les remet, en passant sur elles, en rapport avec la nature. Les édifices modernes se taisent, mais les ruines parlent. Tout l'univers s'adresse à l'homme dans un langage ineffable qui se fait entendre dans l'intérieur de son ame, dans une partie de son être, inconnue à lui-même, et qui tient à la fois des sens et de la pensée. Quoi de plus simple que d'imaginer que cet effort de la nature pour pénétrer en nous, n'est pas sans une mystérieuse signification? Pourquoi cet ébranlement intime, qui paraît nous révéler ce que nous cache la vie commune, serait-il à la fois sans cause et sans but? La raison, sans doute, ne peut l'expliquer. Lorsqu'elle l'analyse, il disparaît. Mais il est par-là même essentiellement du domaine de la poésie. Consacré par elle, il trouve dans tous les cœurs des cordes qui lui répondent. Le sort annoncé par les astres, les pressentimens, les songes, les présages, ces ombres de l'avenir qui planent autour de nous, souvent non moins funèbres que les ombres du passé, sont de tous les pays, de tous les tems, de toutes les croyances. Quel est celui qui, lorsqu'un grand intérêt l'anime, ne prête pas, en tremblant, l'oreille à ce qu'il croit la voix de la destinée! Chacun, dans le sanctuaire de sa pensée, s'explique cette voix, comme il le peut. Chacun s'en tait avec les autres, parce qu'il n'y a point de paroles pour mettre en commun ce qui jamais n'est qu'individuel.

J'ai donc cru devoir conserver dans le caractère de Wallstein une superstition qu'il avait en commun avec presque tous les hommes remarquables de son siècle.

J'aurais voulu pouvoir rendre avec la même fidélité le caractère de Thécla, tel qu'il est tracé dans la pièce allemande. Ce caractère excite en Allemagne un enthousiasme universel; et il est difficile de lire l'ouvrage de Schiller, dans sa langue originale, sans partager cet enthousiasme. Mais en France, je ne crois pas que ce caractère eût obtenu l'approbation du public. L'admiration dont il est l'objet chez les Allemands, tient à leur manière de considérer l'amour, et cette manière est très-différente de la nôtre. Nous n'envisageons l'amour que comme une passion de la même nature que toutes les passions humaines, c'est-à-dire ayant pour effet d'égarer notre raison, ayant pour but de nous procurer des jouissances. Les Allemands voient dans l'amour quelque chose de religieux, de sacré, une émanation de la Divinité même, un accomplissement de la destinée de l'homme sur cette terre, un lien mystérieux et tout-puissant, entre deux ames qui ne peuvent exister que l'une pour l'autre. Sous le premier point de vue, l'amour est commun à l'homme et aux animaux. Sous le second, il est commun à l'homme et à Dieu.

Il en résulte que beaucoup de choses qui nous paraissent des inconvenances, parce que nous n'y apercevons que les suites d'une passion, semblent aux Allemands légitimes et même respectables, parce qu'ils croient y reconnaître l'action d'un sentiment céleste.

Il y a de la vérité dans ces deux manières de voir; mais suivant qu'on adopte l'une ou l'autre, l'amour doit occuper, dans la poésie comme dans la morale, une place différente.

Lorsque l'amour n'est qu'une passion, comme sur la scène française, il ne peut intéresser que par sa violence et son délire. Les transports des sens, les fureurs de la jalousie, la lutte des désirs contre les remords, voilà l'amour tragique en France. Mais lorsque l'amour, au contraire, est, comme dans la poésie allemande, un rayon de la lumière divine qui vient échauffer et purifier le cœur, il a tout à la fois quelque chose de plus calme et de plus fort : dès qu'il paraît, on sent qu'il domine tout ce qui l'entoure. Il peut avoir à combattre les circonstances, mais non les devoirs, car il est lui-même le premier des devoirs, et il garantit l'accomplissement de tous les autres. Il ne peut conduire à des actions coupables, il ne peut descendre au crime, ni même à la ruse, car il démentirait sa nature, et cesserait d'être lui. Il ne peut céder aux obstacles; il ne peut s'éteindre : car son essence est immortelle. Il ne peut que retourner dans le sein de son Créateur.

C'est ainsi que l'amour de Thécla est représenté dans la pièce de Schiller. Thécla n'est point une jeune fille ordinaire, partagée entre l'inclination qu'elle ressent pour un jeune homme, et sa soumission envers son père ; déguisant ou contenant le sentiment qui la domine, jusqu'à ce qu'elle ait obtenu le consentement de celui qui a le droit de disposer de sa main ; effrayée des obstacles qui menacent son bonheur ; enfin, éprouvant elle-même et donnant au spectateur une impression d'incertitude sur le résultat de son amour et sur le parti qu'elle prendra, si elle est trompée dans ses espérances. Thécla est un être que son amour a élevé au-dessus de la nature commune, un être dont il est devenu toute l'existence, dont il a fixé toute la destinée. Elle est calme, parce que sa résolution ne peut être ébranlée. Elle est confiante, parce qu'elle ne peut s'être trompée sur le cœur de son amant. Elle a quelque chose de solennel, parce que l'on sent qu'il y a en elle quelque chose d'irrévocable. Elle est franche, parce que son amour n'est pas une partie de sa vie, mais sa vie entière. Thécla, dans la pièce de Schiller, est sur un plan tout différent de celui où est placé le reste des personnages. C'est un être, pour ainsi dire, aérien, qui plane sur cette foule d'ambitieux, de traîtres, de guerriers farouches, que des intérêts ardens et positifs poussent les uns contre les autres.

On sent que cette créature lumineuse et presque surnaturelle est descendue de la sphère éthérée, et doit bientôt remonter vers sa patrie. Sa voix si douce, à travers le bruit des armes, sa forme délicate, au milieu de ces hommes tout couverts de fer, la pureté de son ame, opposée à leurs calculs avides, son calme céleste qui contraste avec leurs agitations, remplissent le spectateur d'une émotion constante et mélancolique, telle que ne la fait ressentir nulle tragédie ordinaire.

Aucun des personnages de femmes que nous voyons sur la scène française n'en peut donner l'idée. Nos héroïnes passionnées, Alzire, Aménaïde, Adélaïde du Guesclin, ont quelque chose de mâle; on sent qu'elles sont de force à combattre contre les événemens, contre les hommes, contre le malheur. On n'aperçoit aucune disproportion entre leur destinée et la vigueur dont elles sont douées. Nos héroïnes tendres, Monime, Bérénice, Esther, Atalide sont pleines de douceur et de grâce, mais ce sont des femmes faibles et timides. Les événemens peuvent les dompter. Le sacrifice de leurs sentimens n'est point présenté comme impossible. Bérénice se résigne à vivre sans Titus, Monime à épouser

Mithridate, Atalide à voir Bazajet s'unir à Roxane, Esther n'aime point Assuérus. Les héroïnes de Voltaire luttent contre les obstacles. Celles de Racine leur cèdent, parce que les unes et les autres sont de la même nature que tout ce qui les entoure. Thécla ne peut lutter ni céder. Elle aime et elle attend. Son sort est fixé. Elle ne peut en avoir un autre. Mais elle ne peut pas non plus le conquérir, en le disputant contre les hommes. Elle n'a point d'armes contr'eux ; sa force est toute intérieure. Par-là même, son sentiment l'affranchit de toutes les convenances que prescrit la morale que nous sommes habitués à voir sur la scène.

Thécla n'observe aucun des déguisemens imposés à nos héroïnes; elle ne couvre d'aucun voile son amour profond, exclusif et pur; elle en parle sans réserve à son amant. « Où serait, » lui dit-elle, la vérité sur la terre, si tu ne » l'apprenais par ma bouche? » Elle n'annonce point qu'elle fasse dépendre ses espérances de l'aveu de son père. On prévoit même que s'il la refuse elle ne se croira pas coupable de lui résister: son amour l'occupe et l'absorbe toute entière. Elle n'existe que pour le sentiment qui remplit toute son ame. Elle est si loin de considérer comme une faute sa fuite de la maison paternelle, lorsqu'elle apprend que celui qu'elle aime a été tué, qu'elle croit, au contraire, accomplir un devoir. Les spectateurs français n'auraient pu tolérer dans une jeune fille cette exaltation, cette indépendance, d'autant plus étrangère à nos idées, qu'il ne s'y mêle aucun égarement, aucun délire. Nous aurions été choqués de cet oubli de toutes les relations, de cette manière d'envisager les devoirs positifs comme secondaires; enfin d'une absence si complète de la soumission que nous admirons avec justice dans Iphigénie. Nous en aurions été choqués, dis-je, et nous aurions eu raison. Un tel enthousiasme est une chose qu'il est impossible d'approuver en principe. Nous pouvons, par le talent du poëte, être entraînés à sympathiser avec l'individu particulier qui l'éprouve; mais il ne peut jamais servir de base à un système général, et nous n'aimons en France que ce qui peut être d'une application universelle. Le principe de l'utilité domine dans notre littérature comme dans notre vie. La morale du théâtre en France est beaucoup plus rigoureuse que celle du théâtre en Allemagne. Cela tient à ce que les Allemands prennent le sentiment pour base de la morale, tandis que pour nous cette base est la raison. Un sentiment sincère, complet, sans bornes, leur paraît, non-seulement excuser ce qu'il inspire, mais l'ennoblir et, si j'ose employer cette expression, le sanctifier. Cette manière de voir se fait remarquer dans leurs institutions et dans leurs mœurs, comme dans leurs productions littéraires. Nous avons des principes infiniment plus sévères, et nous ne nous en écartons jamais en théorie. Le sentiment qui méconnoît un devoir ne nous paraît qu'une faute de plus. Nous pardonnerions plus facilement à l'intérêt, parce que l'intérêt met toujours dans ses transgressions plus d'habileté et plus de décence. Le sentiment brave l'opinion, et elle s'en irrite : l'intérêt cherche à la tromper en la ménageant, et, lors même qu'elle découvre la tromperie, elle sait gré à l'intérêt de cette espèce d'hommage.

J'ai donc rapproché Thécla des proportions françaises, en m'efforçant de lui conserver quelque chose du coloris allemand. Je crois avoir transporté dans son caractère sa douceur, sa sensibilité, son amour, sa mélancolie ; mais tout le reste m'a paru trop directement opposé à nos habitudes, trop empreint de ce que le très-petit nombre de littérateurs français, qui possèdent la langue allemande, appellent le mysticisme allemand. La seule règle que je me sois imposée a été de ne faire rien entrer dans le rôle de Thécla qui ne fût d'accord avec l'intention poétique de l'auteur original. C'est pour cette raison que je lui ai donné une teinte religieuse, et que j'ai voulu qu'elle cherchât un asile aux pieds de son Dieu, au lieu de se tuer sur le corps de son amant, ou de son père, ce qui ne m'aurait pas coûté un grand effort d'invention ; mais la violence du suicide m'aurait semblé déranger l'harmonie qui doit être dans son caractère.

En empruntant de la scène allemande un de ses ouvrages les plus célèbres, pour l'adapter aux formes reçues dans notre littérature, je crois avoir donné un exemple utile. Le dédain pour les nations voisines, et surtout pour une nation dont on ignore la langue, et qui, plus qu'aucune autre, a dans ses productions poétiques de l'originalité et de la profondeur, me paraît un mauvais calcul. La tragédie française est, selon moi, plus parfaite que celle des autres peuples ; mais il y a toujours quelque chose d'étroit dans l'obstination qui se refuse à comprendre l'esprit des nations étrangères. Sentir les beautés partout où elles se trouvent, n'est pas une délicatesse de moins, mais une faculté de plus.

WALLSTEIN,

TRAGÉDIE.

ACTEURS.

WALLSTEIN, Duc de Friedland, généralissime de l'Empereur Ferdinand II.

THÉCLA, sa fille.

Le Comte de **GALLAS**, Lieutenant-général.

ALFRED GALLAS, son fils.

Le Comte **TERSKY**, beau-frère de Wallstein.

ILLO,
ISOLAN, } Généraux de l'armée de Wallstein.
BUTTLER,

GÉRALDIN, envoyé de l'Empereur.

HARALD, envoyé du Chancelier de Suède auprès de Wallstein.

ÉLISE de Neubronn, Dame d'honneur de Thécla.

UN OFFICIER SAXON.

SUITE DE WALLSTEIN.

SUITE DE THÉCLA.

OFFICIERS, SOLDATS, PEUPLE.

La scène est à Égra en Bohême, dans le palais occupé par Wallstein. On voit à la gauche du théâtre une galerie qui conduit à l'appartement de ce Général. L'action se passe le 25 février 1634, dans la 18.ᵉ année de la guerre de 30 ans.

WALLSTEIN, (1

TRAGÉDIE.

ACTE PREMIER.

SCÈNE I.

GALLAS, ISOLAN, BUTTLER, TERSKY, ILLO, AUTRES GÉNÉRAUX ET OFFICIERS DE L'ARMÉE DE WALLSTEIN.

BUTTLER.

Il est donc arrivé, ce ministre perfide !
Parmi nous, dans nos camps, quel intérêt le guide ?
Quel ordre de la cour nous vient-il apporter ?
Contre Wallstein et nous qu'ose-t-on méditer ?
De prêtres entouré, Ferdinand nous dédaigne. (2
Il gouverne pour eux, quand c'est par nous qu'il règne.
Wallstein, aux murs d'Egra rassemblant ses guerriers, (3
Nous accorde un repos qu'ombragent nos lauriers.
Si l'obscur citoyen murmure et s'en offense,

C'est pour nous que Wallstein affronte sa vengeance :
Quand seul il nous protège, on veut nous l'enlever!

TERSKY.

Au prix de notre sang, il le faut conserver.
Eh quoi! de tous côtés les ennemis nous pressent.
Jusques sous nos remparts les Saxons reparaissent.
Si Gustave à Lutzen a reçu le trépas, (4
Rassemblant après lui ses valeureux soldats,
Bannier *, digne héritier de son puissant génie, (5
A son roi qui n'est plus soumet la Germanie. (6
Richelieu, contre nous conspirant aujourd'hui, (7
Aux protestans ligués a promis son appui.
De nos anciens exploits Wallstein défend la gloire.
Sous nos heureux drapeaux il retient la victoire.
Ce chef, que Ferdinand regarde en ennemi,
Sur son trône ébranlé l'a deux fois raffermi. (8

ILLO.

Jadis, à son nom seul, les braves accoururent.
Réchauffés par sa voix, les vétérans parurent.
Près de lui, des Danois abjurant les drapeaux,
Se rangèrent soudain d'innombrables héros.
Monarque trop ingrat! Jaloux de sa fortune,

---

* Bannier, général de Gustave Adolphe.

ACTE I. SCENE I.

Tu voulus en voiler la splendeur importune.
Par ton ordre, à Wallstein le pouvoir fut ravi. (9
Tu désarmas le bras qui t'avait trop servi.
A ton sceptre aussitôt tes états échappèrent.
Les Suédois partout contre toi s'avancèrent,
Et l'on te vit alors, par l'ennemi pressé,
Supplier à genoux le héros offensé. (10
Sa valeur vainement ne fut point implorée.
Il rend à Ferdinand l'Autriche délivrée,
Et Ferdinand prépare, en ses lâches projets,
De nouveaux attentats pour de nouveaux bienfaits.

BUTTLER.

Après tout, Ferdinand jamais ne fut mon maître.
Au sein de ses états il ne m'a point vu naître.
Cette épée, à mon bras fidèle en tout pays,
M'a conduit pas à pas jusqu'au poste où je suis.
Des rochers de l'Ecosse aux champs de la Bavière, (11
Je me suis frayé seul ma sanglante carrière.
Je puis à mes exploits rapporter mes honneurs.
Je dois tout à ce fer, rien à vos Empereurs.

TERSKY à *Buttler*.

Oui, mais sans notre Duc, votre valeur insigne
N'aurait jamais conquis le rang dont elle est digne,

Buttler : de Ferdinand qu'auriez-vous obtenu ?
Vous languiriez encor, obscur et méconnu.
Wallstein, en vous créant l'un des chefs de l'armée,
Met votre rang de pair à votre renommée.
L'Empereur hésitait. Wallstein vous a nommé.
Son choix....

BUTTLER.

    Ce choix encor ne s'est pas confirmé :
La cour tarde long-tems à l'approuver.

TERSKY.

                       Sans doute.
Wallstein vous récompense et la cour vous redoute :
C'est notre sort commun. Sans son bras protecteur,
Comme il faudrait plier sous leur joug oppresseur !
Mais qu'importe en nos camps leur haine ou leur caprice ?
Le Duc a le pouvoir de vous rendre justice. (12
C'est le premier des droits qu'il s'est fait accorder.

ILLO.

C'est le dernier des droits qu'il consente à céder.
Amis ! que de pouvoir, que d'honneurs, d'opulence,
De vos nombreux exploits seraient la récompense,
Si d'un monarque avare, élevé loin des camps,
Wallstein ne redoutait les perfides agens !

Mais à Vienne on s'étonne, on marchande, et l'envie
Calcule froidement ce que vaut notre vie.

TERSKY.

On dit que Géraldin vient pour examiner
Ce qu'à ses lieutenans Wallstein a pu donner.

ISOLAN.

Quel est ce Géraldin? Que veut-il? A quel titre
Ferdinand de nos droits l'a-t-il rendu l'arbitre?
Et pourquoi son arrêt, par nous trop respecté.....

GALLAS.

Du monarque lui-même il est fort écouté.
Si des armes toujours il ignora l'usage,
Il a fait des conseils un long apprentissage.

BUTTLER.

J'entends. C'est un mortel nourri dans le repos,
Qui se traîne en rampant sur les pas des héros,
Vient cueillir sans danger le fruit de leur victoire,
Dérober leurs trésors, et profaner leur gloire,
En crimes supposés transformer leurs exploits,
Et jusques dans les camps dicter d'injustes lois.

ILLO à *Gallas, d'un ton qui laisse percer quelque défiance.*

Vous qu'unit à Wallstein une amitié si tendre,
Comte, à cet envoyé daignez donc faire entendre
Qu'on ne peut sans péril outrager aujourd'hui
Le chef qui nous commande et qui nous sert d'appui.
Vous saurez adoucir cet austère langage.
Vous avez de la cour un assez long usage.
Vous y comptez, dit-on, des protecteurs nombreux.
Votre rang, votre nom, l'éclat de vos aïeux,
Vos dignités, votre âge, enfin tout vous confère
Auprès de Géraldin un pouvoir salutaire.

GALLAS.

Sans doute il va paraître, et je l'attends ici.
Je dois lui parler seul : Wallstein le veut ainsi.
J'accepte avec regret cette tâche importune :
Mais, vous le savez tous, notre cause est commune.
Le voici : laissez-nous. Bientôt vous reviendrez :
Je saurai ses desseins, et vous les apprendrez.

Tous les généraux se retirent, excepté Gallas. Celui-ci attend Géraldin, qui a paru dans l'enfoncement.

SCÈNE II.

GALLAS, GÉRALDIN.

GÉRALDIN.

Eh bien! digne soutien d'un prince qui vous aime,
Vous notre appui secret, dans ce péril extrême,
C'est en vous que la cour a placé son espoir.
L'Empereur, par ma voix, vous transmet son pouvoir.
Il faut perdre un rebelle et préserver l'empire.
Vous nous l'avez promis : c'est à vous de m'instruire.
L'audacieux Wallstein est prêt à l'emporter.
Au milieu de sa course il le faut arrêter.
Quel moyen avons-nous?

GALLAS.

En voyant sa puissance,
Et son adroite audace, et sa rare vaillance,
Et ses soldats, brûlant d'une avide fureur,
Mon cœur, je l'avoûrai, craint tout pour l'Empereur.
Wallstein traîne à sa suite une foule égarée,
De richesse, d'orgueil et de sang enivrée,
Qui ne vit que pour lui, n'écoute que sa voix,
Contemple en lui son père et son chef à la fois,

Dont au moindre signal la prompte obéissance
Exécute son ordre et souvent le devance,
Dont la fierté, nourrie en seize ans de combats,
Dédaigne un Empereur qu'elle ne connaît pas.

GÉRALDIN.

Ah! malheur à l'état qui dans son imprudence
Au bras armé pour lui remet sa confiance!
Jour funeste où ma voix, implorant sa valeur,
Mit aux pieds d'un soldat l'empire et l'empereur!
Dès lors, de son orgueil démêlant l'artifice,
Je vis que sous nos pas s'ouvrait un précipice.
Mais Tilly n'était plus. Ses compagnons blessés, (13
Par Gustave aussitôt nos bataillons pressés,
La Saxe contre nous avec lui conjurée,
Munich pris, la Bavière à la flamme livrée,
En ce péril affreux, qui pouvait hésiter!
Nous reçûmes la loi qu'il nous voulut dicter.
Ferdinand lui cédant l'autorité suprême,
Déposa dans ses mains les droits du diadême :
Il dispose des rangs, des honneurs, des emplois,
Et tout dans cette armée est soumis à ses lois.
Cependant, quand je vois quels sont les satellites
Sur qui s'est appuyé son pouvoir sans limites,
L'espérance en mon cœur semble se ranimer.

ACTE I. SCÈNE II.

Par ses propres soutiens il le faut opprimer.
Ses choix sont illégaux, ses dons sont éphémères :
Vienne révoquera des faveurs passagères.
Ainsi, les alarmant sur leur propre destin,
Sachons les attirer.....

GALLAS.

Vous l'espérez en vain.
Par un art merveilleux Wallstein retient ensemble
Les élémens confus que son génie assemble.
Je ne vous parle point des immenses bienfaits
Qu'il prodigue aux appuis de ses vastes succès.
Mais du moindre soldat il connaît la patrie,
L'âge, le nom, le rang, l'origine, la vie. (14
Tel, près de lui jadis blessé par les Danois,
S'entend, après dix ans, louer de ses exploits;
Tel autre, déserteur des drapeaux de Gustave,
Par lui des Suédois est nommé le plus brave.
Son œil aperçoit tout. Rien n'échappe à ses soins;
Il sait de ses guerriers les vœux et les besoins.
On dirait qu'il devine, et que leurs habitudes
Furent l'objet constant de ses sollicitudes;
Ou que, de chacun d'eux empressé confident,
Par leurs propres aveux il apprit leur penchant.
Murray, dans les combats, n'aime que le pillage :

Wallstein prodigue l'or à ce vénal courage,
Isolan dans l'amour concentre ses désirs,
Et l'indulgent Wallstein pardonne à ses plaisirs.
Buttler est orgueilleux bien plus qu'il n'est avide,
Et vers les dignités le Duc lui sert de guide.
De lui, malgré la cour, il a tout obtenu.

GÉRALDIN.

Plus que vous ne croyez, ce Buttler m'est connu.
Sur les pas de Wallstein l'ambition l'entraîne :
L'ambition pourra l'en détacher sans peine.
Mais poursuivez.

GALLAS.

    Moi-même, en dépit de ma foi,
J'éprouve trop souvent son ascendant sur moi.
Non qu'il ose, et je crois superflu de le dire,
Par d'indignes trésors prétendre me séduire;
Ou que les titres vains dont il peut disposer,
Éblouissent des yeux faits pour les mépriser;
Mais de son amitié me poursuivant sans cesse,
M'accablant malgré moi du poids de sa tendresse,
Redoublant pour me plaire et de zèle et d'efforts,
Dans mon ame troublée il porte le remords.

ACTE I. SCÈNE II.

GÉRALDIN.

Bannissez loin de vous ces craintes insensées.
D'un frivole remords détournez vos pensées :
De l'état menacé ne trompez pas l'espoir :
Servir son empereur est le premier devoir.

GALLAS.

Je le sais. Je remplis ce devoir difficile.
Je dompte, en rougissant, un scrupule indocile.
Mais souvent, en secret, mon cœur, mal affermi,
S'accuse avec horreur de trahir un ami.

GÉRALDIN.

Colloredo nous reste, et je connais son zèle.
Je l'ai vu près d'ici surveillant le rebelle.
Il a peu de soldats, mais leurs cœurs sont à lui.
Il n'attend que mon ordre et marche à notre appui.
De la religion appelons l'entremise.
Wallstein alarme ici les prêtres et l'église.
Il naquit protestant; ils le craindront toujours. (15

GALLAS.

De ces bras impuissans n'espérez nul secours.
Wallstein s'entoure ici de hordes étrangères,
Nos forts sont confiés à leurs mains mercenaires.

Les rangs sont oubliés et les droits confondus,
Les soldats sont trompés et les chefs sont vendus.

GÉRALDIN.

Quel est donc votre espoir ?

GALLAS.

En cet état funeste
Wallstein contre lui-même est l'appui qui nous reste.
Son esprit, tour-à-tour plein d'audace et d'effroi,
Même en le détrônant, voudroit plaire à son roi.
Son génie inquiet, à lui-même infidèle,
Tout révolté qu'il est, frémit d'être rebelle.
De superstitions son cœur est dévoré. (16
Souvent, d'un front pensif et d'un œil égaré,
Des flambeaux de la nuit il suit la marche obscure,
Et veut à lui répondre obliger la nature.
Depuis plus de six mois ses confidens, en vain,
Le pressent de saisir le pouvoir souverain.
Ses indécisions, alarmant la Suède,
Ont empêché Bannier de marcher à son aide.
Feuquière *, qui d'abord a secondé ses vœux, (17
Le croit de l'Empereur l'agent fallacieux.
Profitez, s'il se peut, de sa longue faiblesse.

* Ambassadeur de France à la cour de Saxe.

ACTE I. SCENE II.

Saisissez avec art les instans qu'il vous laisse ;
Une illusion vaine a pu le retarder,
Mais à chaque moment il se peut décider.
Hâtez-vous. Plus le Duc hésite et temporise,
Plus ses amis ardens pressent leur entreprise.
Par les liens du sang à Wallstein attaché,
Tersky tient à cette heure en son palais caché
Un invisible agent de ce ministre * habile, (18
Qui, remplaçant Gustave en un tems difficile,
Partage les états du Germain consterné,
Et dicte ses arrêts à l'Empire étonné.
Il a, cette nuit même, envoyé vers Feuquière,
De la part de Wallstein, un secret émissaire.
Wallstein l'ignore encor : mais, pour mieux l'engager,
Le zèle de Tersky provoque le danger,
Sûr, qu'au premier éclat sa fierté menacée,
Du trône, comme abri, saisira la pensée.
J'ai fait ce que j'ai pu. J'expose ici mes jours.
Wallstein avec opprobre en peut trancher le cours.
Je fais bien plus encor : je livre à sa vengeance
Du déclin de mes ans la dernière espérance.
Mon fils, mon cher Alfred, du même coup frappé,
Dans ma perte, avec moi, peut être enveloppé.

* Oxenstiern, chancelier de Suède.

Et, trompé par la gloire et l'éclat de son maître,
Périr, en regardant son père comme un traître.

GÉRALDIN.

Quoi ! Seigneur ! votre fils ignore vos projets

GALLAS.

Alfred n'est point formé pour de pareils secrets.
Toute duplicité le révolte et l'offense. (19
Il eût de son mépris payé ma confiance.
Tout doit être, Seigneur, pour ce cœur généreux,
Brillant comme le jour, et pur comme les cieux :
J'ai voulu, quelquefois, commencer à l'instruire ;
Mais, au premier des mots que ma bouche osait dire,
Son noble étonnement me frappait de respect,
Et l'aveu dans mon cœur rentrait à son aspect.
De Wallstein en ces lieux il ramène la fille.
Le Duc loin de la cour rappelle sa famille.
Ferdinand aurait dû, sagement ombrageux,
Retenir près de lui....

On entend derrière le théâtre des décharges d'artillerie.

Regrets infructueux !
Déjà, de la princesse, à la cour enlevée,
L'airain qui retentit annonce l'arrivée.

ACTE I. SCÈNE II.

Thécla paraît avec sa suite au fond du théâtre.
Elle approche. Venez. Cachons à tous les yeux
L'intérêt important qui nous unit tous deux.
Cherchons pour nos secrets un lieu plus solitaire.
Suivez-moi.

Gallas et Géraldin sortent.

SCÈNE III.

THÉCLA, ÉLISE, ALFRED,
OFFICIERS, SOLDATS.

THÉCLA *à un officier de sa suite.*

Hâtez-vous de prévenir mon père.
Je vais attendre ici ses ordres révérés.
A Élise.
Vous, jusqu'à sa réponse, Elise, demeurez.

La suite de Thécla sort.

ALFRED, *après quelques instans de silence.*

Eh bien ! l'heure fatale est aujourd'hui venue ;
Madame, aux lois d'un père, après six mois rendue,
Du malheureux Alfred tout doit vous séparer.
Ah ! contre un doute affreux daignez me rassurer.

Je me retrace en vain, dans ma douleur mortelle,
Cet amour, cette foi, ce cœur noble et fidèle,
Ce cœur, par vos sermens à mon cœur engagé.
Vous gardez le silence, et mon sort est changé.

THÉCLA.

Rien n'est changé pour vous : Thécla reste la même.
N'êtes-vous plus Alfred ? n'est-ce pas vous que j'aime ?
Cher Alfred, il est vrai, ces lieux, nouveaux pour moi,
Dans mon esprit tremblant avaient jeté l'effroi.
De ma mère partout l'image retracée
De sa perte, en mon cœur, ranime la pensée.
Hélas ! vous le savez : j'espérais avec vous
La rendre, après six mois, à l'amour d'un époux.
Mais je reviens sans elle, et sa cendre isolée
Peut-être appelle en vain sa fille désolée.

Après un silence.

J'ai cru d'ailleurs ici lire dans tous les yeux
Je ne sais quoi de sombre et de mystérieux.
Mon ame, en contemplant cette foule agitée,
Dans un monde nouveau se sentait transportée.
Pardonnez : mon courage est bientôt revenu,
Alfred est avec moi dans ce monde inconnu.

ACTE I. SCENE III.

ALFRED.

Thécla, fille du ciel, mon unique espérance,
Thécla, mélange heureux d'amour et d'innocence,
De quel trouble enchanteur ta voix remplit mes sens!
Quel bonheur dans mon sein pénètre à tes accens!
Ah! comment t'exprimer leur douceur infinie!
Que ne te dois-je pas, ô charme de ma vie!
Dans ce triste univers, sans desseins, sans plaisirs,
Isolé, sombre, en proie à de vagues désirs,
Je m'agitais en vain dans une nuit profonde.
Inquiet, tourmenté, je demandais au monde
Dans quel but, à quoi bon sur la terre jeté,
L'homme errait dans le trouble et dans l'obscurité.
Vous êtes mon espoir, mon bonheur et ma gloire.
C'est pour vous que je veux marcher à la victoire,
Et loin derrière moi laissant tous nos guerriers,
Mériter votre choix, le front ceint de lauriers.
Demain, oui, demain même, abjurant tout mystère,
J'irai, pour mon amour, implorer votre père.
Sans oublier son rang, il peut combler mes vœux.
Des antiques Hongrois les rois sont mes aïeux.
De mon père, à la cour, on connaît l'influence.
Du vôtre, s'il le faut, il prendra la défense.
Wallstein a des rivaux. Mais Gallas, en ce jour,

Fidèle à l'amitié, servira mon amour.

THÉCLA.

Oui, cher Alfred, d'un cœur entraîné, mais timide,
Soyez le protecteur, le conseil et le guide.
En expirant, ma mère a voulu nous unir;
Et sa main défaillante a daigné nous bénir.
Sur sa tombe, avec vous, j'ai répandu des larmes;
Votre voix a calmé l'horreur de mes alarmes.
Au milieu d'étrangers, tremblante, sans secours,
Votre seule pitié pût conserver mes jours.
S'il fallait renoncer à l'amour qui nous lie,
Sans regret, je le sens, je quitterais la vie,
Trop heureuse, en cédant à ce destin jaloux,
De vous avoir aimé, d'avoir vécu pour vous.

Wallstein paraît avec Illo et Tersky au fond du théâtre. Alfred et Thécla se séparent et se rangent aux deux côtés du théâtre, Thécla avec Élise.

SCÈNE IV.

Les précédens, WALLSTEIN, ILLO, TERSKY.

WALLSTEIN à *Illo.*

Rassemblez mes guerriers : Géraldin va paraître.
Il vient nous apporter les ordres de son maître.
Je veux qu'aux yeux de tous il s'explique en ce jour,
Et l'on pourra juger des projets de la cour.

Illo sort.

THÉCLA, *se jetant dans les bras de Wallstein.*

Enfin, le sort me rend....

WALLSTEIN, *en embrassant Thécla.*

Trésor de mon vieil âge,
Je te revois ! Ta vue est d'un heureux présage !
Ma fille ! mon espoir ! le but de mes travaux !
Je découvre en tes traits mille charmes nouveaux.
Prodigue en ses faveurs, la nature indulgente
Accorde tous ses dons à ta beauté naissante,
Tandis qu'au sein des camps ma prudente valeur
Prépare assidûment ta future grandeur.

THÉCLA.

Pour mon bonheur encor, que reste-t-il à faire?
Que demander au ciel qui me donne un tel père?
Vous, arbitre des rois, sauveur de Ferdinand,
Vous, que l'état contemple avec étonnement,
Que le peuple chérit, et que la cour révère,
Qui dictez d'un seul mot et la paix et la guerre,
La timide Thécla vous serre dans ses bras.
Seule dans l'univers, Thécla ne vous craint pas.

WALLSTEIN.

Chère Thécla, je veux, sur ta tête innocente,
Placer de mes honneurs la parure éclatante,
Te ceindre des lauriers moissonnés par mon bras...
D'un ton plus sombre.
Si la haine pourtant ne me les ravit pas.
A Alfred.
Tu reviens de la cour, Alfred... on m'y soupçonne...
De mes vils ennemis Ferdinand s'environne...
Par mes persécuteurs il se laisse abuser.

ALFRED.

Ma franchise, Seigneur, ne peut vous déguiser
Des bruits trop répandus que la haine accrédite.
Il est vrai : contre vous on murmure, on s'irrite.

ACTE I. SCENE IV.

On contemple à regret votre absolu pouvoir.
Je vous ai défendu. Je croyais le devoir.
Mais que pouvait ma voix sur un roi qu'on abuse !

WALLSTEIN.

Tu n'as point découvert ce dont la cour m'accuse?

ALFRED.

D'aucun crime, Seigneur, vous n'êtes accusé.

WALLSTEIN.

Ah! je les reconnais. Ils ne l'ont point osé.
S'ils m'avaient accusé, j'aurais pu leur répondre,
Et la voix de Wallstein auroit su les confondre.
Leur haine, en cette lutte, a craint de s'engager :
Alfred, si l'on se tait, c'est qu'on veut se venger.
Et le peuple?

ALFRED.

   Le peuple, en sa fougue indiscrète,
Recueille des rumeurs qu'au hasard il répète.

TERSKY.

On nomme jusqu'au chef qui doit vous remplacer.

ALFRED.

Un vain bruit....

WALLSTEIN.

WALLSTEIN.

Les ingrats ! ils m'y veulent forcer !

ALFRED.

Vos vertus, vos exploits, l'éclat de vos services,
Sans peine arrêteront le cours des injustices.
Que pourra des complots la sombre iniquité
Contre l'honneur, la gloire et la fidélité !

WALLSTEIN.

Et la fidélité !.... quoi ! ce devoir sévère,
A la cour, à tout prix, m'ordonnerait de plaire !
Après tant de travaux rentrer dans le néant,
N'avoir été du sort que l'aveugle instrument,
Retomber dans le rang de ces êtres vulgaires
Qui doivent au hasard leurs pompes éphémères,
Qu'un flot soudain élève, et qu'un flot engloutit,
Sont-ce là des vertus que le devoir prescrit ?
A Alfred et à Thécla.   *A Alfred, en le prenant par la main.*
Allez. Laissez-moi seul. Alfred, ta jeune audace
Au nombre des héros marque déjà ta place.
Ton courage par moi fut toujours admiré,
Du prix de tes exploits Wallstein t'a décoré.
Il te prend pour second dans sa noble carrière.
Songe, que de tout tems il t'a servi de père,

ACTE I. SCÈNE IV.

Que lui-même a guidé tes pas mal affermis,
Qu'il t'admet, jeune encor, au rang de ses amis.

ALFRED.

Ah! Seigneur! disposez de mon sang, de ma vie.
L'amitié la plus sainte à votre sort me lie.
Mon bras, pour vous défendre, impatient d'agir....

WALLSTEIN.

Va. J'y compte. Il suffit.

Alfred sort d'un côté. Thécla et Élise sortent de l'autre.

SCÈNE V.

WALLSTEIN, TERSKY.

TERSKY.

Seigneur, il faut choisir :
Céder à l'Empereur, ou, vous servant vous-même,
Par un heureux effort, saisir le rang suprême.
Quel moment plus propice à vos vastes projets
Jamais à vos désirs promit plus de succès !
Dans la splendeur habile où votre rang s'étale,
Vous marchez, entouré d'une pompe royale.

De vos soldats vaillans, de vos nombreux amis,
Les cœurs sont entraînés et les yeux éblouis.
Chacun se croit plus fort au milieu de la foule :
Gardez que sans retour ce torrent ne s'écoule,
Et qu'en cent lieux divers, par les combats placés,
Ces chefs ne soient bientôt loin de vous dispersés !
Chacun, rentrant alors dans la route commune,
D'un œil plus réfléchi contemple sa fortune,
Et s'empresse d'offrir à son prince irrité
Le vulgaire tribut de la fidélité.

WALLSTEIN.

Qui t'a dit que Wallstein les veut rendre infidèles ?
M'a-t-on vu prendre place au nombre des rebelles ?
Ai-je abjuré l'honneur, et de la trahison
Mérité-je déjà l'injurieux soupçon ?
Je veux sur mes soldats conserver ma puissance :
C'est mon bien, c'est mon droit, le fruit de ma vaillance ;
Je le veux. Mais Wallstein, justement irrité,
Est loin encor, crois-moi, de Wallstein révolté.

TERSKY.

Seigneur, est-ce à plaisir que votre esprit s'abuse ?
Que vous sert avec moi cette inutile ruse ?
Tersky dans vos secrets n'est-il donc plus admis,

ACTE I. SCENE V.

Et ne traitons-nous pas avec les ennemis?
Moi-même en votre nom....

WALLSTEIN.

J'ai daigné les entendre.
Oui, s'il le faut, Wallstein veut pouvoir se défendre.
Mais traiter avec eux, ce n'est point les servir.
Je veux sauver l'empire, et non pas le trahir.

TERSKY.

D'autres motifs, Seigneur, glacent votre courage.
Pardonnez les aveux où mon zèle s'engage.
Qui croiroit qu'un héros fait pour tout gouverner,
Par un art imposteur se laissât fasciner !
Un devin mensonger tient votre âme abattue,
Et votre incertitude est l'astre qui nous tue.

WALLSTEIN, *d'un ton sévère.*

De tous les généraux êtes-vous assuré?

TERSKY.

Tous n'attendent qu'un mot de leur chef révéré.
Déjà, de Géraldin pressentant l'insolence,
Leur courroux unanime a demandé vengeance.

WALLSTEIN.

Isolan ?

TERSKY.

J'en réponds.

WALLSTEIN.

Clary, Murray, Mellas,
Don Fernand ?

TERSKY.

Ils suivront l'exemple de Gallas.
Sous ses commandemens ils servent dès l'enfance.
L'habitude est garant de leur obéissance.

WALLSTEIN.

Je puis compter sur eux ?

TERSKY.

Si vous comptez sur lui.

WALLSTEIN.

Gallas, en tous les tems, fut mon plus ferme appui.
Mais Géraldin paraît.

SCÈNE VI.

Les précédens, GÉRALDIN, GALLAS, ALFRED, BUTTLER, autres généraux.

Les généraux se rangent autour de Wallstein, un peu en arrière. Géraldin s'avance vers Wallstein, sur le devant du théâtre.

WALLSTEIN à *Géraldin.*

Vous devinez sans peine,
Seigneur, que je connais le soin qui vous amène.
On en parle partout assez publiquement.
L'empire en retentit. J'ai voulu cependant
Que l'armée en ces lieux apprît par votre bouche
Tout ce qui me concerne et tout ce qui la touche.
Compagnons de ma gloire et chéris de mon cœur,
Ces guerriers, de leur sang, ont servi l'Empereur.
A sa reconnaissance ils ont assez de titres.
Prenez-les pour témoins. Je les prends pour arbitres.

GÉRALDIN.

Vous l'ordonnez, Seigneur, mais daignez réfléchir
Qu'aux ordres de la cour je ne fais qu'obéir,
Que de ses volontés interprète docile,
Je dois....

WALLSTEIN.

Epargnez-vous un exorde inutile.
Je saurai distinguer entre la cour et vous.
Vous n'avez rien à craindre.

GÉRALDIN

Alors qu'un sort jaloux,
Après plus de treize ans d'une guerre importune,
De l'État menacé fit pâlir la fortune,
Le sage Ferdinand, à ses vaillans soldats,
Voulut donner un chef vainqueur en cent combats,
Et qui, par son génie et par sa renommée,
Rendît à nos drapeaux leur gloire accoutumée.
Qui mieux que vous, Seigneur, eût mérité son choix?
Son espoir fut rempli par vos premiers exploits.
Sous votre abri puissant les peuples respirèrent,
Les perfides Saxons au loin se retirèrent,
Gustave s'arrêta. Son génie étonné
Par son digne rival parut comme enchaîné.
Vous sûtes le forcer par vos lenteurs savantes
A fondre en un seul corps ses légions errantes.
Nuremberg vit bientôt aux pieds de ses remparts (20
Flotter des Suédois les nombreux étendarts.
Sous ces murs, à combattre ils croyaient vous contraindre,
Mais Wallstein immobile était bien plus à craindre.

La famine en leur camp sème partout la mort.
Gustave au désespoir veut affronter le sort.
Vainement contre vous ce désespoir le guide,
Il n'obtient pour les siens qu'une mort plus rapide,
Et cent bouches d'airain sur ses pâles soldats
Du haut de votre camp vomissent le trépas.
Il fuit, et tout honteux de sa gloire flétrie,
Dans les champs de Lutzen court terminer sa vie.

WALLSTEIN.

Pourquoi nous parler tant de nos travaux passés ?
Ce que nous avons fait, nous le savons assez,
Et l'on ne vous a pas, à ce que je puis croire,
Envoyé dans ces lieux pour vanter notre gloire.

GÉRALDIN.

Seigneur, sur vos exploits j'aimais à m'arrêter,
Et ma justice encor se plaît à raconter
Ce que vous dut l'Empire, et ce qui sert d'excuse
A des torts passagers dont la cour vous accuse.
Vous teniez en vos mains la victoire et la paix :
On vous voit tout-à-coup suspendre vos succès,
Braver la volonté d'un prince qui vous aime,
Ainsi qu'un fugitif, retourner en Bohême,
Ouvrir la Franconie à ce jeune Weymar (21

Qu'une erreur déplorable entraîne après son char.
L'Empereur étonné, sollicite, supplie.
Il pourrait commander, et c'est en vain qu'il prie.

WALLSTEIN.

Aux généraux.
Arrêtez, Géraldin. Que faisions-nous alors ?

ILLO.

De l'Oder menacé nous défendions les bords.

BUTTLER.

Nos efforts délivraient la Silésie entière.

ALFRED.

Contre les Suédois nous servions de barrière.

WALLSTEIN *aux généraux.*

Voilà ce qu'on appelle un coupable repos.
A Géraldin.
Poursuivez.

GÉRALDIN.

Ce rebelle, auteur de tous nos maux,
De Thourn, * à vos succès vous voyant infidèle, (22
Puise dans vos lenteurs une audace nouvelle.

* Mathias, comte de Thourn, premier moteur des troubles de la Bohême.

ACTE I. SCÈNE VI.

Il répand en tous lieux qu'il est votre allié,
Ranime son parti qui fuyait effrayé,
S'approche, vous menace, insulte à votre gloire.

WALLSTEIN.

Eh bien

GÉRALDIN.

Son fol orgueil vous force à la victoire.
Il veut fuir. On l'arrête. Arbitre de son sort,
Vous pouviez, vous deviez le livrer à la mort,
Des lois qu'il outrageait l'éternelle justice,
Nos peuples, nos autels réclamaient son supplice.
Oh ! surprise ! malgré ses infidélités,
Malgré tant de forfaits, tant de fois répétés,
Malgré l'arrêt sacré d'un tribunal suprême,
Malgré l'ordre formel de Ferdinand lui-même,
Vous le renvoyez libre, et son impunité
Rend un chef et l'espoir au parti révolté.
Ainsi vous seul, Seigneur.....

WALLSTEIN.

J'entends, voilà mes crimes.
Nous cueillons des lauriers, vous voulez des victimes.
La cour est implacable et ne pardonne pas
A qui d'un malheureux lui ravit le trépas.

Honte et malheur à nous, si notre obéissance
Servait ainsi d'organe à l'aveugle vengeance,
D'un zèle avilissant se faisait un devoir,
Et prononcait l'arrêt dicté par le pouvoir.
Allez: nul d'entre nous ne se rendra complice
De ces lâches forfaits que vous nommez justice,
Et si vous prétendez ces services nouveaux,
Respectez mes guerriers, et cherchez des bourreaux.
Au reste, que veut-on? Parlez.

GÉRALDIN.

Qu'à l'instant même,
Sans retard, sans délai, vous quittiez la Bohême.

WALLSTEIN.

Eh quoi! durant l'hiver! au milieu des frimats!
Aux généraux. A Géraldin
Vous voyez. Où veut-on que nous portions nos pas?

GÉRALDIN.

Aux bords où sans pudeur, levant sa tête impie,
Dans nos temples souillés triomphe l'hérésie:
Depuis deux ans, Seigneur, le Danube indigné
Par de vils apostats, voit son bord profané:
Remplissez les destins du Dieu qui nous protège:
Renversez les autels d'un culte sacrilége.

ACTE I. SCÈNE VI.

Allez, frappez.

WALLSTEIN.

J'écoute, avec étonnement,
Ces éclats imprévus d'un zèle intolérant :
Plus d'un guerrier, Seigneur, au sein de mon armée,
Professe une croyance en Autriche opprimée. (23
Lorsque pour l'Empereur j'assemblai des soldats,
De leur religion je ne m'informai pas.
Je voulus oublier de funestes querelles.
Je les cherchai vaillans, dociles, prompts, fidèles :
Tels je les ai trouvés : mais de leur sang versé
Le souvenir bientôt paraît être effacé.

GÉRALDIN.

A leurs exploits, Seigneur, je rends un juste hommage ;
Mais pourquoi, dans ces lieux, enchaîner leur courage,
Laisser sur d'autres bords l'ennemi triomphant,
Et dépouiller ici le pauvre et l'innocent ?

WALLSTEIN.

Quel reproche perfide, et quelle indigne ruse !
Amis, c'est nous qu'on trompe et c'est nous qu'on accuse !
Sort affreux du soldat ! à souffrir condamné,
Par la faim, par le froid, au pillage entraîné ;
Lui-même, gémissant d'un crime involontaire,

De ses pleurs, de son sang il arrose la terre !
A tous ses attentats c'est vous qui le forcez,
Et sur ses attentats c'est vous qui prononcez.

GÉRALDIN.

Wallstein tenait jadis un tout autre langage.

WALLSTEIN.

Je sais qu'on abusa de mon jeune courage.

GÉRALDIN.

Vous vouliez seul lever et nourrir vos soldats. (24

WALLSTEIN.

On m'en a trop puni, je ne l'oublirai pas.

GÉRALDIN.

Enfin, quand Ferdinand vous donna cette armée.....

WALLSTEIN.

Me la donna, seigneur ? Mon nom seul l'a formée.

GÉRALDIN.

Vous nous vendez bien cher un bienfait passager !

WALLSTEIN.

Pour prix de ce bienfait, vous osez m'outrager !

ACTE I. SCÈNE VI.

C'en est trop : je suis las de souffrir tant d'injures.
Votre imprudente main vient rouvrir mes blessures.
Vous souvient-il du jour où, par vous dépouillé,
Wallstein victorieux se vit humilié,
Trahi, proscrit, chassé?

GÉRALDIN.

               Vous connaissez vous-même
De ce jour malheureux la violence extrême.
Ferdinand fut contraint....

WALLSTEIN.

                  Une seconde fois
Il n'aura pas en vain outragé mes exploits.
Qu'un autre, de la cour, supporte le caprice.
J'abdique le pouvoir. Qu'un autre s'en saisisse.
Wallstein, dès aujourd'hui, ne dépend plus de vous.

Il se fait un grand mouvement parmi les généraux, pendant que Wallstein parle. Ils regardent Géraldin d'un air menaçant.

Amis, ne blâmez pas un trop juste courroux.
Le ciel sait qu'à regret Wallstein vous abandonne.
Il le faut. Son honneur, votre intérêt l'ordonne.
C'est moi que l'on poursuit. Ah! puissiez-vous, du moins,
D'un si lâche complot n'être que les témoins.

58 WALLSTEIN.

Et puisse l'Empereur, envers vous équitable,
Epuiser sur moi seul sa vengeance implacable.
Je voudrais l'espérer. Le mérite passé
Par la faveur du jour est bientôt éclipsé.
D'un général nouveau protégés ou complices,
D'autres recueilleront le fruit de vos services.
Je n'y puis rien.

ALFRED, *dans une grande agitation, allant successivement vers Wallstein, vers Géraldin, vers les généraux.*

Seigneur, daignez, au nom du ciel....
Suspendez, rétractez un arrêt si cruel....

A Géraldin.

Non, vous ne pouvez pas.... Ministre de l'Empire,
Unissez-vous à moi.... tremblez s'il se retire.

Aux généraux.

Et vous, nobles amis, qui l'avez vu cent fois....

A Wallstein.

Vos soldats, vos enfans vous parlent par ma voix.
Rassurez, rassurez leur tendresse alarmée.
Seigneur, votre nom seul contient encor l'armée.
Tout est détruit, perdu, si vous nous délaissez.

WALLSTEIN.

Oui, tout sera détruit, je le prévois assez.
Oui, mon fidèle Alfred, tant de soins, tant de peines,

ACTE I. SCENE VI.

Vos destins confiés à des mains incertaines....
Je ne puis détourner ce funeste avenir.
Puis-je vous commander quand c'est pour vous trahir?

ILLO.

Ah! laissez-nous, du moins, délibérer ensemble.
Permettez que l'armée en conseil se rassemble,
Peut-être que la cour nous voyant réunis....

WALLSTEIN.

Je n'ai plus de pouvoir et tout vous est permis.
Mais cherchez d'autres lieux où, loin de ma présence,
Chacun puisse à son gré dire tout ce qu'il pense.
Surtout que Géraldin soit par vous respecté.
A Géraldin.
C'est le dernier emploi de mon autorité.
A Illo.
Retirez-vous. Restez.

*Géraldin et tous les généraux se retirent,
à l'exception d'Illo.*

WALLSTEIN à Illo.

De leur courroux extrême,
Avec habileté, profite à l'instant même.
C'est dans un tel moment qu'on en peut disposer:
Va, ne leur ... le tems de s'appaiser.
Que cha... par écrit, embrassant ma querelle,

S'engage avec serment à me rester fidèle.
Dis-leur qu'à ce prix seul je les puis soutenir.

ILLO.

Je réponds d'eux, Seigneur, et cours vous obéir.

Wallstein et Illo se retirent par des côtés différens.

FIN DU PREMIER ACTE.

ACTE SECOND.
SCÈNE I.
WALLSTEIN, TERSKY.

WALLSTEIN.

Eh bien ! à me défendre as-tu su les porter ?

TERSKY.

Tous jurent à l'envi de ne vous point quitter.
Plus Géraldin répand la menace et l'injure,
Plus l'intérêt s'alarme et la fierté murmure.
Leur zèle impatient devançait mes efforts,
Et moi-même, j'ai dû contenir leurs transports.

WALLSTEIN.

Gallas t'a secondé ?

TERSKY.

Fidèle en apparence,
Gallas à nos sermens souscrit sans résistance.
Mais j'ai bien observé ses gestes, ses discours,
Et je crains ce vieillard élevé dans les cours.
Sa voix et ses regards trahissaient l'artifice.

WALLSTEIN.

WALLSTEIN.

Cesse de tes soupçons la trop longue injustice.

TERSKY.

Seul avec Géraldin à toute heure engagé,
Il l'a suivi partout.

WALLSTEIN.

     Je l'en avais chargé.

TERSKY.

On l'a vu recevoir de secrets émissaires.

WALLSTEIN.

Ne me répète plus des rumeurs mensongères.

TERSKY.

Son fils....

WALLSTEIN.

   Mon noble Alfred! l'univers sous mes pas
S'écroulerait, qu'Alfred ne me trahirait pas.

TERSKY.

Vous le pensez ainsi; mais mon instinct redoute....

WALLSTEIN.

Il faut te rassurer : je le veux bien, écoute.

ACTE II. SCÈNE I.

Partout à mes côtés Gallas a combattu.
Je connais sa valeur, je crois à sa vertu.
Dès mes plus jeunes ans son amitié m'est chère,
Mais un autre motif me dirige et m'éclaire.
Gallas est un appui que m'ont donné les cieux : (25
Il est, pour les mortels, des jours mystérieux,
Où, des liens du corps, notre ame dégagée,
Au sein de l'avenir est tout à coup plongée,
Et saisit, je ne sais par quel heureux effort,
Le droit inattendu d'interroger le sort.
La nuit qui précéda la sanglante journée
Qui du héros du nord trancha la destinée,
Je veillais au milieu des guerriers endormis.
Un trouble involontaire agitait mes esprits.
Je parcourus le camp. On voyait dans la plaine
Briller, des feux lointains, la lumière incertaine.
Les appels de la garde et les pas des chevaux
Troublaient seuls, d'un bruit sourd, l'universel repos.
Le vent, qui gémissait à travers les vallées,
Agitait lentement nos tentes ébranlées.
Les astres, à regret perçant l'obscurité,
Versaient sur nos drapeaux une pâle clarté.
Que de mortels, me dis-je, à ma voix obéissent !
Qu'avec empressement sous mon ordre ils fléchissent !

Ils ont, sur mes succès, placé tout leur espoir.
Mais si le sort jaloux m'arrachait le pouvoir,
Que bientôt je verrais s'évanouir leur zèle!
En est-il un du moins qui me restât fidèle!
Ah! s'il en est un seul, je t'invoque, ô destin!
Daigne me l'indiquer par un signe certain.
Que vers moi, le premier, dès l'aurore il s'avance
A peine j'achevais que je vois, en silence,
Un guerrier qui s'approche : il parle; c'est Gallas.
D'un coursier belliqueux il conduisait les pas.
— Mon frère, me dit-il, pardonne à ma faiblesse.
Dans ma vaine terreur reconnais ma tendresse.
Un songe, un songe affreux cette nuit m'a frappé :
Je t'ai vu d'ennemis partout enveloppé,
Sur ton cheval blessé, cherchant en vain la fuite,
Et, malgré tes efforts, tombant sous leur poursuite.
Déjà le jour paraît, demain nous combattrons.
Gustave, dans le sang, vient laver ses affronts.
Je t'amène un coursier que j'ai choisi moi-même,
Ne monte pas le tien : crois un ami qui t'aime. —
Je cédai. Le jour même, en un combat douteux,
Je me vis entouré de Suédois nombreux,
Dont la mort de Gustave enflammait la furie.
Le coursier de Gallas me conserva la vie.

ACTE II. SCÈNE I.

Un soldat, sur le mien, accompagnait mes pas ;
Tous deux en même tems trouvèrent le trépas.
Crois-moi, Tersky, le sort a pour l'homme un langage
Méconnu du profane, et compris par le sage.
Penses-tu que, suivant leur cours majestueux,
Les astres ne soient faits que pour orner les cieux,
Pour éclairer la terre et pour servir de guides
Aux vulgaires humains dans leurs travaux sordides ?
Non. De la destinée annonçant les arrêts,
Tout se tient, tout se meut par des ressorts secrets ;
La nature, soumise à des lois invisibles,
Dévoile, à qui l'entend, des décrets infaillibles.

SCÈNE II.

Les précédens, ILLO.

ILLO, *entrant précipitamment, et bas à Tersky.*

TERSKY....

WALLSTEIN.

Que voulez-vous ?

ILLO, *à part à Tersky.*

Nous sommes découverts.

Éwald est arrêté, saisi, chargé de fers......

WALLSTEIN à *Tesrky.*

Que dit-il? répondez. Quelle alarme soudaine...

ILLO, *encore à part à Tersky.*

Déjà vers l'Empereur une escorte l'entraîne.
Il va tout révéler.

WALLSTEIN.

     Quel secret important?...
Parlez.

ILLO, *toujours à part à Tersky.*

Instruis le Duc, je retourne à l'instant,
Je vais tout observer.
        Il sort.

WALLSTEIN.

    D'où vient tant d'épouvante?

TERSKY.

Hélas! vous blâmerez mon ardeur imprudente,
Seigneur, je le prévois. De vos ordres chargé
Avec le Suédois je m'étais engagé.
Vous-même le saviez; mais votre incertitude
Semblait, de l'oublier, s'être fait une étude.

ACTE II. SCÈNE II.

Enfin, depuis trois jours, un envoyé secret,
De la part de Bannier, m'a remis un projet.
Ce projet, qu'a dicté l'Ambassadeur de France,
Assure dans vos mains la royale puissance.
Suspendre ma réponse était le rejeter. (26
Sur votre assentiment j'ai cru pouvoir compter.
J'ai voulu jusqu'au bout conduire l'entreprise;
Espérant qu'à la fin, si, par mon entremise,
Je vous offrais l'appui des deux ambassadeurs,
Vous vous résigneriez à vos propres grandeurs.

WALLSTEIN.

Achève.

TERSKY.

Ce projet, vengeur de vos injures,
Souscrit par moi, Seigneur, remis en des mains sûres,
Au ministre français devait être porté.

WALLSTEIN.

Eh bien !

TERSKY.

Non loin d'ici, tout à coup arrêté,
Le malheureux Ewald, mon fidèle émissaire,
Captif, cette nuit même, a passé la frontière ;

On le conduit à Vienne.

WALLSTEIN.

Oh ciel ! que m'as-tu dit !
A ce coup imprévu je demeure interdit.

Après un silence, et avec une extrême émotion.

Ferdinand ! Ferdinand ! l'ami de ma jeunesse ! ... (27
Que j'ai si bien servi !... lui, de qui la tendresse
Me combla de ses dons !... Je dus à ses faveurs
Et ma première gloire et mes premiers honneurs !
Quel souvenir en moi s'élève et me déchire !...
Oh ! qu'un bras secourable hors d'ici me retire !...
Si pourtant, tout à coup, j'abjurais mon dessein !
Si, revenant à lui,... te croiront-ils, Wallstein !
Iras-tu lâchement implorer leur clémence ?
Ils n'ont pas même en toi respecté l'innocence !

A Tersky, d'un ton sévère.

Sortez ... avec moi seul je veux délibérer.

Tersky fait un mouvement pour sortir.

Non ; reste. Des Saxons il faut nous assurer.
Vers eux, sur l'heure même, envoie en diligence.

Avec désespoir.

Tu m'as perdu.

ACTE II. SCÈNE II.

TERSKY.

Seigneur!...

WALLSTEIN, *sans écouter Tersky.*

                 Redoutable puissance,
Avenir inconnu, destin mystérieux,
Tes arrêts, je le sais, sont écrits dans les cieux.
Que prétends-tu de moi? Pourquoi, dès ma jeunesse,
D'un trop funeste espoir m'as-tu flatté sans cesse?
Je ne demandais pas tes perfides faveurs.

TERSKY.

Je vais donc envoyer vers les Ambassadeurs.

WALLSTEIN.

Oui... vas...

TERSKY.

Grâces au ciel!

WALLSTEIN.

                 Tersky, suspends ta joie;
Modère un vain transport, où l'orgueil se déploie.
D'un arrogant espoir le sort est l'ennemi.
Qui triomphe d'avance en est bientôt puni.

                         Wallstein sort.

SCÈNE III.

TERSKY, GALLAS, GÉRALDIN.

GÉRALDIN à *Tersky.*

Puis-je encor de Wallstein avoir une audience ?

TERSKY.

Des travaux importans demandent sa présence.
Je le suis. Vous pouvez l'attendre dans ces lieux.

Tersky sort.

GALLAS.

Vous connaissez enfin son secret odieux.
Mais de ses trahisons la trame découverte,
Ne fera, je le crains, qu'avancer notre perte.
Il va précipiter ses desseins criminels.
Tous s'unissent à lui par des vœux solennels.
Bientôt, à la révolte il saura les conduire.
Moi-même, à leurs sermens, il m'a fallu souscrire.
Sans fruit j'aurais lutté. Pressez votre retour.
De ce comble d'audace avertissez la cour.

GÉRALDIN.

D'un succès plus heureux je nourris l'espérance.
Il est vrai : des guerriers j'ai vu la violence.

ACTE II. SCÈNE III.

Leur serment m'est connu ; mais ce même serment
Peut du perfide encor hâter le châtiment.
Dans les esprits troublés germe la défiance ;
On s'étonne, on hésite, on observe en silence ;
Et déjà quelques chefs sont venus jusqu'à moi,
Me confier leur doute et m'apporter leur foi.
Sans leur rien expliquer, j'ai reçu leurs promesses.
L'un d'entr'eux, que Wallstein a comblé de largesses,
Isolan est à nous. (28

GALLAS.

    Lui, dont le zèle ardent
Provoquait la révolte et bravait Ferdinand !

GÉRALDIN.

Oui, lui-même. Telle est leur fougue passagère.
Un instant la fait naître, un instant la modère.
Leur mécontentement s'exhale en vains discours,
Et de l'obéissance ils reprennent le cours.
Cependant, si le Duc plus avant les engage,
S'il les entraîne au but qu'il couvre d'un nuage,
Quand ce but frappera leurs regards étonnés,
Ils en auront trop fait pour être pardonnés.
Tout dépend d'aujourd'hui. Si vous servez mon zèle,
Aujourd'hui suffira pour perdre le rebelle.

WALLSTEIN.

GALLAS.

Parlez.

GÉRALDIN.

Ce traité fait avec les ennemis,
Et dans les mains d'Ewald par nos guerriers surpris,
Sur les complots du Duc doit éclairer l'armée.
Par vous que la nouvelle en soit partout semée.
De ce pacte honteux instruisez vos soldats.
Découvrez-leur le gouffre entr'ouvert sous leurs pas.
Du nom de l'étranger que ces murs retentissent.
Au nom de l'étranger tous les partis s'unissent.
Ce nom, dans tous les tems, justement détesté,
Ramène tous les cœurs à la fidélité,
Et chacun redoutant le titre de transfuge,
Dans le sein du devoir va chercher un refuge.
Mais, sans tarder...

Buttler paraît au fond du théâtre.

GALLAS.

Buttler s'approche de ces lieux.
Evitez, croyez-moi, ce soldat factieux.
Aux succès de Wallstein son intérêt conspire.
Gardez-vous....

GÉRALDIN.

L'intérêt est facile à séduire.

ACTE II, SCENE III.

A Wallstein triomphant il prête son appui.
S'il entrevoit sa chute, il sera contre lui.
Loin de le vouloir fuir, je le cherche, au contraire.
Le Duc, par des honneurs, flatta cette ame altière.
A ses séductions on pourra l'arracher,
Et des honneurs plus grands l'en sauront détacher.
Laissez-moi lui parler.
                                    Gallas sort.

SCÈNE IV.

GÉRALDIN, BUTTLER.

BUTTLER.

L'ARMÉE ici m'envoie.
Les moyens tortueux que votre zèle emploie
Sont connus de nos chefs. Ils ne souffriront pas
Qu'on ose en leur présence égarer leurs soldats.
Vous espérez en vain tromper leur vigilance.
Wallstein cède à nos vœux. Il garde la puissance,
A ses guerriers soumis lui seul doit ordonner.
Vous, d'Egra, dès ce jour il faut vous éloigner.

GÉRALDIN.

Contre moi tout à coup d'où vous vient tant de haine,

Seigneur ? à quels excès votre chef vous entraîne !
Dans l'horreur des complots, malgré vous engagé...

BUTTLER.

De vous entendre ici je ne suis point chargé.
C'est l'ordre de partir que ma voix vous annonce,
Et je dois à Wallstein porter votre réponse.

GÉRALDIN.

Buttler ! avec regret je m'éloigne de vous ;
Je vous vois, du Monarque affrontant le courroux,
Lever contre l'Etat votre bras téméraire.
Insensé ! Quand deux Rois se déclarent la guerre,
Chacun d'eux s'appuyant sur un droit prétendu,
Avec un zèle égal peut être défendu.
Mais vous ! même à vos yeux votre cause est injuste.
Contre qui marchez-vous ? contre un pouvoir auguste,
Qui, partout, en tous lieux, des peuples respecté,
Oppose à vos efforts sa sainte antiquité.
Le tems qui l'a fondé le défend, le protège :
En vain dans ses fureurs l'ambition l'assiège.
L'habitude, qui veille au fond de tous les cœurs,
Les frappe de respect, les poursuit de terreurs,
Et sur la foule aveugle, un instant égarée,
Exerce une puissance invisible et sacrée,

Héritage des tems, culte du souvenir,
Qui toujours au passé ramène l'avenir.
De nos dissensions rouvrez donc les annales,
Remontez à ces tems de discordes fatales, (29
Où Procope et Ziska, victorieux long-tems,
Du trône et de l'autel sapaient les fondemens.
Qui n'eût alors pensé que l'Autriche vaincue
Aux pieds des révoltés se verrait abattue?
Mais de ces révoltés un instant vit changer
En juste châtiment le succès passager.
Plus tard à nos drapeaux la victoire infidèle
Ranima de nouveau cette secte rebelle.
Rodolphe à ses clameurs fut contraint de céder,
Et prêta les sermens qu'on lui vint commander. (30
Ferdinand, aujourd'hui, lavant sa longue injure,
Déchire ces sermens, dictés par le parjure. (31
Ainsi de l'équité les éternelles lois
Relèvent tôt ou tard la majesté des Rois.
Nouveau Ziska....

BUTTLER.

Sans fruit votre zèle s'épuise,
Seigneur! que voulez-vous qu'un vieux guerrier vous dise?
Soldat obéissant, j'exécute en ce jour
L'ordre du général nommé par votre cour.

Je n'examine point si par quelque mystère
Wallstein de l'Empereur mérite la colère.
D'une cour inquiète et de ses vains débats
Le bruit nous importune et ne nous trouble pas.
Je remplis mon devoir. Choisi par votre maître,
Le Duc est notre chef.

GÉRALDIN.

Il a cessé de l'être.
Oui. Déjà l'Empereur, prévenant ses desseins,
A ravi le pouvoir à ses coupables mains.
On prépare en secret la perte du rebelle.

BUTTLER.

Son sort sera le mien, je lui reste fidèle.
Jeune, obscur, inconnu, sans amis, sans aïeux,
Pauvre et sans protecteur j'arrivai dans ces lieux.
Pour unique trésor et pour seul héritage,
J'apportais avec moi ce fer et mon courage.
Dans les rangs des soldats trop long-tems confondu,
Je me croyais déjà pour la gloire perdu.
Vainement ma valeur, pendant quarante années,
Cherchait à soulever le poids des destinées.
Arrachant à la cour ses injustes faveurs,
D'autres à mes exploits ravissaient les honneurs.

ACTE II. SCÈNE IV.

Wallstein m'a distingué dans cette foule immense ;
Par lui de mes travaux j'obtiens la récompense :
Au rang que je mérite il a su me nommer.
La cour n'a pas encor daigné m'y confirmer.....

GÉRALDIN.

Des longs retardemens dont votre esprit s'irrite
Wallstein seul est l'auteur. Les forfaits qu'il médite
De l'Empereur sur vous attirent le soupçon.
Ne servez plus d'organe à la sédition.
D'un chef qui vous trompait désavouez les crimes.
Rendez, Buttler, rendez vos honneurs légitimes.
Un traître, pour salaire à la déloyauté,
N'offre qu'un lustre vain, douteux et contesté.
Le véritable honneur est d'une autre nature.
Tout éclat disparaît quand sa source est impure.
Par un juste pouvoir il doit être transmis,
Et la main qui l'accorde en forme tout le prix.
De la cour, par ma bouche, acceptez l'indulgence :
Je puis...

BUTTLER.

Il est trop tard. Si Ferdinand, d'avance,
Eût de l'obscur Buttler cru devoir s'assurer,
J'aurais sur mes projets pu mieux délibérer :

Mais un engagement public, irrévocable....

GÉRALDIN.

Ah ! cet engagement ne vous rend point coupable,
Tous l'ont souscrit, Seigneur, ne vous y trompez pas;
Il reste à l'Empereur de fidèles soldats,
Qui signant cet écrit, par crainte ou par prudence,
Ont déjà de leur Prince imploré la clémence.

BUTTLER.

Des traîtres ! Non, jamais cet exemple honteux...

GÉRALDIN.

Qui trahit un rebelle en est plus vertueux.
Vous n'avez point encor mérité ma franchise.
Géraldin, avec vous, malgré lui se déguise.
Mais je sais les sermens que vous avez prêtés.
A les prêter aussi, par moi sollicités,
D'autres m'ont révélé tous ses noirs artifices.
Buttler, vous vous croyez entouré de complices,
Vous marchez en aveugle au milieu d'ennemis.

BUTTLER.

Se peut-il ?

GÉRALDIN.

Votre sort en vos mains est remis.

ACTE II. SCÈNE IV.

Wallstein est, sans ressource, engagé dans le crime.
La vengeance des lois l'a marqué pour victime.
Un invisible bras est sur lui suspendu.
Un pas, un pas encor, et le traître est perdu.
Parmi les factieux la discorde est semée.
L'Empereur a pour lui les trois quarts de l'armée.

Après un silence pendant lequel il examine Buttler.

Pourquoi, vous enivrant d'un espoir incertain,
Voulez-vous au hasard livrer votre destin ?
Wallstein est dans un camp, Ferdinand sur le trône.
Ce que Wallstein promet, Ferdinand vous le donne.
Si le Duc succombait, avec lui condamné,
Au supplice avec lui vous seriez entraîné.
Si le sort couronnait sa noire perfidie,
De ses vastes Etats perdant une partie,
L'Empereur garde encor, dans son adversité,
De quoi récompenser votre fidélité.

Géraldin s'arrête encore pour considérer Buttler, qui regarde autour de lui avec inquiétude et se tait.

Choisissez donc, Buttler : ou rigueurs ou clémence.
D'aujourd'hui seulement la justice commence.
Vos erreurs, vos complots, tout peut être effacé.
Si vous tardez d'un jour, le moment est passé.

BUTTLER, *en baissant la voix et en s'approchant de Géraldin.*

Je n'irai point, changeant tout à coup de langage,
Seigneur, d'un vain remords faire ici l'étalage.
J'ai pu de l'Empereur mériter le courroux.
Je puis tout réparer, mais tout dépend de vous.
Sur des doutes nombreux il me faut satisfaire.
Je n'accepterai point une grâce précaire.
Je veux.... On vient.

Isolan s'approche de Géraldin et recule en apercevant Buttler. Buttler, en voyant Isolan, veut s'éloigner.

SCÈNE V.

LES PRÉCÉDENS, ISOLAN.

GÉRALDIN *à Buttler, en le saisissant par la main, ainsi qu'Isolan.*

Restez : rentré dans le devoir,
Isolan, comme vous, a rempli mon espoir.
A Isolan.
Arraché par mes soins à la cause rebelle,
Ainsi que vous, Buttler est un guerrier fidèle.
A tous deux.
Vous le voyez. Il est plus d'un chef en ces lieux

ACTE II. SCÈNE V.

Qui gémit de servir un soldat factieux.
Mais chacun nourrissant une terreur secrète
Dérobe à tous les yeux sa pensée inquiète,
Espérant par l'exemple aux forfaits entraîné,
S'il est plus violent, être moins soupçonné.
A Isolan.
Je connais de Buttler la valeur magnanime.
Ferdinand le craignait, mais Ferdinand l'estime.
Près d'un maître éclairé je serai son appui ;
Des honneurs mérités se préparent pour lui.
Il a dès ce moment toute ma confiance ;
Vous pouvez sans détour parler en sa présence.

ISOLAN.

Des complots de Wallstein, je vous viens avertir.
Gallas, par Wallstein même, a su les découvrir.
De cacher ses desseins perdant toute espérance,
Wallstein a des Saxons embrassé l'alliance.
Ils sont près de ces lieux, Seigneur, et cette nuit
Leur secours dans Egra doit se voir introduit.
Gallas les préviendra. Déjà, sous sa conduite,
Sans bruit, de notre armée il rassemble l'élite.
Il saura la guider par des sentiers obscurs,
Dans l'épaisse forêt qui vient border nos murs.
Là, sous le double abri du silence et de l'ombre,

Invisible, immobile il attend la nuit sombre
Pour attaquer, surprendre, et disperser soudain
Le nouvel allié qu'appelle ici Wallstein.
Alfred retarde seul les projets qu'il médite ;
Gallas le cherche, il veut l'entraîner à sa suite.
Ils vont partir : quittez ce séjour dangereux :
Redoutez les transports de Wallstein furieux,
Qui, se voyant trahi par un ami qu'il aime,
Voudra de l'Empereur se venger sur vous-même.

GÉRALDIN.

Il suffit : à l'instant je vais suivre Gallas.
A Buttler et à Isolan.
Vous partez avec nous ?

BUTTLER.

                Nous ne partirons pas,
Seigneur ; la foule aveugle, aux excès entraînée,
Aisément par la cour peut être pardonnée.
Nous, long-tems de Wallstein instrumens tous les deux,
Nous devons redouter un sort plus rigoureux.
C'est en vain qu'aujourd'hui, déguisant sa vengeance,
L'Empereur effrayé nous promet sa clémence,
Nous connaissons trop bien l'artifice des lois.
On les voit, limitant les vains pardons des rois,

ACTE II. SCÈNE V.

A leurs engagemens opposer leur justice,
Et dans le délateur poursuivre le complice.
Contre un destin pareil il faut nous garantir ;
Qu'un service éclatant prouve le repentir,
Que par nos propres mains, de notre erreur passée
La trace pour jamais disparaisse effacée.
Loin de nous de Gallas les plans insidieux,
A côté de Wallstein nous vous servirons mieux.

GÉRALDIN, *avec étonnement.*

Buttler !

BUTTLER.

Dans le péril dont le poids nous menace,
Chacun peut employer ou la ruse ou l'audace,
Et choisir les moyens de témoigner sa foi
Et de sauver le prince et la patrie et soi.
Je vous sers, si l'on veut se fier à mon zèle;
Si l'on refuse, au Duc je resterai fidèle,
Prononcez. Le voici.

SCÈNE VI.

Les précédens, WALLSTEIN, TERSKY, ILLO.

WALLSTEIN.

Géraldin en ces lieux !

A Géraldin.
Vous semez parmi nous des bruits séditieux.

GÉRALDIN.

Seigneur.....

WALLSTEIN.

Vous abusez de ma bonté facile,

A Buttler.
Je le sais. Qu'à l'instant il sorte de la ville,
Buttler, et que par vous son départ soit hâté.

A Géraldin.
Allez.

Buttler, Isolan et Géraldin sortent.

A Tersky.
Mon ordre en tout est-il exécuté ?

TERSKY.

Oui, Seigneur : et déjà vos messagers rapides,
Appellent des Saxons les bandes intrépides.

ACTE II. SCÈNE VI.

Ils viendront cette nuit entourer nos remparts.
Les protestans cachés s'arment de toutes parts.
Les bannis que séduit l'espoir de la vengeance,
De ces murs qu'ils fuyoient, s'approchent en silence.
Le fer est dans leurs mains, la fureur dans leurs yeux.

ILLO.

De Thourn doit rassembler ses hussites nombreux,
Des cendres de leur maître implacables sectaires,
Et d'un culte proscrit martyrs héréditaires.

TERSKY.

Dans votre cause ainsi tout le peuple engagé....

Pendant ce dernier vers, Gallas entre. Tersky se tait en l'apercevant. Wallstein fait signe à Illo et à Tersky de sortir.
Illo et Tersky sortent.

SCÈNE VII.

WALLSTEIN, GALLAS.

WALLSTEIN.

Approche, vieil appui de ton chef outragé :
J'ai reçu tes sermens, j'en accepte l'hommage,
Et je vais dès ce jour achever mon ouvrage.

Ami, je te connais. Brave au sein du danger,
Dans la nuit d'un complot tu crains de t'engager ;
Tu redoutes la cour. Ta timide prudence
Veut, même en conspirant, ménager l'apparence.
J'y consens. Si le ciel sourit à mes projets,
Tu viendras partager le fruit de mes succès.
A les voir s'écrouler si le sort me destine,
Je ne t'entraîne point dans ma vaste ruine.
Sur ma tombe muette abjure ton erreur,
Et d'un prince tremblant regagne la faveur :
Je n'exige de toi qu'un service facile.
Il est de mes guerriers dont l'esprit indocile
A mon juste courroux peut craindre de s'unir.
Pour un jour seulement il les faut contenir.
Tu le peux. Avec eux balance, temporise.
Je saurai cependant achever l'entreprise.
Encore un mot. Alfred ignore mes desseins.
Il faut associer ton fils à mes destins.
Autrefois, tu le sais, par l'hymen de ma fille,
Je voulais sur le trône élever ma famille,
Et qu'unissant ma race à la race des rois,
Aux peuples étonnés mon sang donnât des lois.
Mais les tems sont changés. Ami, je vais moi-même
A mes propres exploits devoir le diadême,

ACTE II. SCÈNE VII.

Wallstein n'a plus besoin de secours empruntés,
Et dédaigne l'appui des rois qu'il a domptés.
Alfred aime Thécla ; que son bras me seconde.
Le courage en ce jour est le maître du monde.
Parle donc à ton fils, cher Gallas, et dis-lui
Ce que son bienfaiteur lui destine aujourd'hui.
Je le vois qui s'approche et je vous laisse ensemble.

Wallstein sort.

SCÈNE VIII.
GALLAS, ALFRED.

Gallas reste quelque tems immobile sans regarder son fils, et avec un air de méditation et d'embarras.

ALFRED.

Pourquoi faut-il qu'un ordre en ce lieu nous rassemble ?
Mon père, contre moi seriez-vous courroucé ?
Déjà, dès mon retour votre accueil m'a glacé.
Qu'ai-je donc fait ?

GALLAS.

        Réponds. Tu vois l'armée entière
De la cour pour Wallstein affronter la colère.
Ses guerriers, tu le sais, veulent tous aujourd'hui

Le sauver avec eux, ou se perdre avec lui.

ALFRED.

Comme eux tous pour Wallstein je donnerais ma vie.
Oui, Seigneur, nous saurons, bravant la calomnie,
Contre ses ennemis défendre son honneur,
Et sur son innocence éclairer l'Empereur.

GALLAS.

L'éclairer ! insensé !

ALFRED.

Que prétendez-vous dire ?

GALLAS.

Quel magique pouvoir prolonge ton délire !
Il faut de ta raison rallumer le flambeau,
Et de tes yeux, mon fils, arracher le bandeau.
Ecoute, et qu'entre nous tout mystère finisse.
De cet engagement connois-tu l'artifice ?

ALFRED, *avec étonnement.*

L'artifice !

GALLAS.

Ton cœur n'a conçu nuls soupçons ?

ACTE II. SCENE VIII.

ALFRED, *avec un étonnement toujours croissant.*

Des soupçons!

GALLAS.

De Wallstein ici nous embrassons
Contre un prince irrité la douteuse querelle.

ALFRED.

Eh bien!

GALLAS.

Mais si Wallstein n'est plus qu'un chef rebelle,
Si foulant à ses pieds nos sermens et le sien,
Il nous veut enlacer d'un indigne lien?

ALFRED.

Mon père...

GALLAS.

Oui, l'on nous trompe, et ce guerrier coupable
Ourdit en ce jour même une trame exécrable.
Le traître se dit prêt à nous abandonner.
Vers l'ennemi, mon fils, il veut nous entraîner.

ALFRED.

Loin de vous, loin de moi cette horrible imposture!
Non, Wallstein ne veut point nous conduire au parjure.

Il nous connaît trop bien. Tant de nobles guerriers
Pourraient-ils tout-à-coup profaner leurs lauriers!
Pour nous, comme pour lui, ce crime est impossible.

GALLAS.

Il se couvre à nos yeux d'un prétexte plausible.
Tout l'Empire, dit-il, a besoin de la paix.
Ferdinand la refuse aux vœux de ses sujets.
A céder à ces vœux il le faut donc contraindre.
Wallstein, cachant ainsi le but qu'il veut atteindre,
Trafique de la paix avec les ennemis.
Le sceptre de Bohême en doit être le prix.

ALFRED.

Quel horrible soupçon contre lui vous abuse!
C'est vous, c'est son ami, c'est Gallas qui l'accuse.
Tout mon sang se soulève à cette indignité.
Ah! Wallstein de nous deux avoit mieux mérité.

GALLAS.

Ne parlons point de nous. Il s'agit de l'Empire,
Du prince, de l'État, contre qui l'on conspire.
Ferdinand devant nous frémit épouvanté.
On veut briser son trône antique et respecté,
Et que de ses honneurs l'Autriche dépouillée

Des mains de ses enfans languisse mutilée.
Par ce coupable espoir tous les choix sont dictés.
Le pouvoir est partout en proie aux révoltés.
Wallstein de leurs forfaits les paie ainsi d'avance.

ALFRED.

Mais vous-même, Seigneur, partagez sa puissance.
C'est par son choix, mon père....

CALLAS.

Il se croit sûr de moi.

ALFRED.

Arrêtez, chaque mot redouble mon effroi.
Mon père...

CALLAS.

Dès long-tems sa franchise outrageante
M'a fait de ses desseins l'ouverture imprudente.
Il hésitait encor. Mais enfin cette nuit,
Si nous ne l'arrêtons, son projet s'accomplit.
Il m'a tout révélé, ses plans, ses artifices,
Ses secrets alliés, ses traités, ses complices.

ALFRED.

Vos discours sont pour moi couverts d'un voile épais.
Il vous a, dites-vous, confié ses projets :

Mais, s'il l'eût fait, Seigneur, votre noble franchise
Sans doute eût condamné sa coupable entreprise.
Docile à vos avis, il vous eût écouté,
Ou, si dans ses complots il avait persisté,
Vous voyant l'ennemi de sa puissance impie,
Vous aurait-il laissé la liberté, la vie ?

GALLAS.

Oui, mon fils, j'ai lutté, j'ai blâmé son dessein.
Je le croyais encor dans le crime incertain.
Mais, lorsqu'enfin j'ai vu son audace inflexible,
J'ai prescrit à ma bouche un silence pénible.
Le péril étoit grand, le devoir a parlé.
J'ai rempli ce devoir et j'ai dissimulé.

ALFRED.

Encor un coup, cessez. Contre un chef que j'honore
Je ne vous ai pas cru, je vous crois moins encore,
Quand c'est vous-même ici que vous calomniez.
Les projets d'un ami vous seraient confiés ;
Il viendrait, près de vous déposant tout mystère,
Dans un cœur mal connu verser son ame entière,
Il croirait sans péril vous pouvoir consulter,
Et vous, pour le trahir auriez pu l'écouter !

ACTE II. SCÈNE VIII.

GALLAS.

Je n'avais pas brigué sa triste confiance.

ALFRED.

Fallait-il le tromper par votre affreux silence?

GALLAS.

Le crime perd ses droits à la sincérité.

ALFRED.

C'est à son propre cœur qu'on doit la vérité.

GALLAS.

Je pardonne aux transports d'une aveugle jeunesse.
Les momens nous sont chers. Ecoute ; le tems presse.
Tu ne sais rien encor.

ALFRED.

     Juste ciel ! je frémis.
Qu'allez-vous ajouter ?

GALLAS.

     Prends cette lettre ; lis.
Il lui présente un papier.
Ma vie en cet instant dépend de ton silence.
Je me fie à ton cœur, le puis-je à ta prudence ?
Tu ne me réponds rien.... J'en brave le danger.

Si mon fils me trahit, qu'aurais-je à ménager !

ALFRED.

Ciel ! qu'ai-je lu ! le jour s'obscurcit à ma vue !
Quoi ! le Duc déposé, condamné !

GALLAS.

Continue.

ALFRED.

Vous, mon père ! grands Dieux ! vous, vous son successeur !

GALLAS.

Pour un instant, mon fils. Mais bientôt l'Empereur
Comme chef de l'armée envoie ici son frère.
Tu sais tout.
Il s'arrête et regarde Alfred, qui, plongé dans une profonde rêverie, ne lui répond pas.
Je le vois. Ton courroux se modère.
Ton cœur me rend justice, et ton aveugle effroi
Se calme... Il faut choisir d'un rebelle ou de moi.
J'ai détaché de lui les chefs de nos cohortes.
Ces guerriers avec moi vont sortir de nos portes.
Par de nouveaux sermens je les ai tous liés.
Les bons sont avertis, les méchans surveillés.
Alfred fait un mouvement d'horreur.

ACTE II. SCÈNE VIII.

Mais ne te hâte pas de condamner ton père :
J'eus long-tems pour Wallstein une amitié sincère,
Et j'ai pour lui moi-même imploré Ferdinand :
Le Monarque à l'exil borne son châtiment.
Il faut me suivre, Alfred. Ton cœur en vain balance.
Ton père et ton devoir vaincront ta résistance.
Viens donc.

ALFRED, *après un long silence, avec une indignation contenue, et avec noblesse.*

A votre tour, écoutez votre fils.
Je ne sais quels succès vous vous êtes promis.
Mais si vous avez cru que mon obéissance
Viendrait à vos détours prêter son assistance,
Et dans la perfidie avec vous s'engager,
Vous connaissiez Alfred et l'auriez dû juger.
Quiconque a sur mon cœur placé sa confiance
Trouvera dans ce cœur sa juste récompense.
Je puis de ses desseins devenir l'ennemi,
Mais je ne puis jamais me feindre son ami.
Le silence qui trompe est un lâche artifice :
N'espérez pas qu'Alfred à ce point s'avilisse.
Wallstein me croit à lui. Sans lui rien déguiser,
Je dois ou le servir, ou le désabuser.

Tous vos raisonnemens ne sauraient me confondre.
Je vais trouver le Duc, le sommer de répondre,
L'interroger moi-même et savoir aujourd'hui
Qui je dois croire enfin ou de vous ou de lui.

GALLAS.

Tu pourrais....

ALFRED.

Oui, Seigneur. En vain votre prière...

GALLAS.

Eh bien! cours, malheureux! va donc livrer ton père.
Immole la nature à l'amour que ton cœur....

ALFRED.

Qu'est-il besoin d'amour quand il s'agit d'honneur?

GALLAS.

Qui t'arrête? Poursuis; achève ton ouvrage :
De Wallstein contre moi cours allumer la rage.
Vois ton père expirant comme un vil criminel,
Et ton lit nuptial teint du sang paternel.

ALFRED, *dans le plus violent désespoir.*

Qu'as-tu dit!... Qu'as-tu fait!... ô trop coupable père!
Tu nous as tous perdus... Et moi, que dois-je faire?

Pourquoi t'enveloppant de replis tortueux
Suivre, un poignard en main, ton ami malheureux ?
N'as-tu pas reculé devant ta propre image ?
Pardonne. Malgré moi, mon désespoir t'outrage.
Nature, estime, amour, tout est perdu pour moi...
Dieu ! quel soupçon nouveau s'élève contre toi ?
Le pouvoir de Wallstein sera ton héritage !
Si cet indigne espoir... tu pâlis... ton visage...
Malheureux que je suis, tout mon être est changé.
Dans l'horreur du soupçon mon cœur est engagé.
Ce misérable cœur, né pour la confiance,
En vain autour de lui cherche encor l'innocence.

GALLAS.

J'entends du bruit. On vient. Mon fils, épargne-moi.
Ma vie est en tes mains....

ALFRED.

     Dissipez votre effroi.
Sans pitié, sans remords, on m'a ravi la mienne.
Il faut qu'Alfred pour vous se taise, se contienne.
  Il saisit la main de son père avec amertume et désespoir.
Eh bien ! Rassurez-vous. Vous verrez vos secrets
Dans ma tombe bientôt renfermés pour jamais.
Partez.

GALLAS.

Mon fils !

Thécla paraît au fond du théâtre avec Élise.

O ciel !

*Thécla s'avance. Gallas sort après un
moment d'hésitation.*

———————————————————

SCÈNE IX.

ALFRED, THÉCLA, ÉLISE.

THÉCLA.

Avec impatience
Thécla vous vient porter sa timide espérance.
De notre amour mon père avait paru surpris.
De trouble et de terreur mes sens étaient remplis.
Je déplorais déjà mon aveu trop sincère.
Son front s'était voilé d'un nuage sévère,
Et sa bouche inflexible avait long-tems vanté
La grandeur qu'à Thécla destinait sa fierté.
Déplorable grandeur qui m'aurait arrachée
Au nœud qui, pour jamais, tient mon ame attachée.
Je l'ai revu bientôt oubliant son courroux,
Alfred, il m'a daigné parler d'un ton plus doux.

ACTE II. SCÈNE IX.

Sa voix et ses regards respiraient la tendresse.
Soit qu'il fût malgré lui touché de ma tristesse,
Soit qu'un autre motif eût changé son dessein
— Ton Alfred, m'a-t-il dit, peut mériter ta main. —
Tout mon cœur se ranime, et je suis accourue
Pour goûter avec vous ma joie inattendue.
Vous ne répondez pas...

ALFRED.

En cet affreux moment
Ton cœur est le seul bien qui reste à ton amant.
Thécla, fuyons ces lieux... il en est tems encore...
On n'a point perverti cet être que j'adore....
Thécla, ton cœur est vrai, noble, simple, ingénu,
N'est-ce pas ? Réponds-moi.... tu n'as jamais connu
Ni les détours honteux, ni la ruse perfide....
Viens, viens dans un désert... suis la main qui te guide,
Crois-moi. Tu ne sais pas... le souffle des mortels
Corrompt tout ; des cœurs purs, fait des cœurs criminels,
L'innocence par eux séduite, profanée...

THÉCLA.

Quel effroi vous jetez dans mon ame étonnée !
Que parlez-vous de fuite, et de crime et d'horreur ?
Mon père, vous voyez, permet notre bonheur.

Gallas....

ALFRED.

Ah ! chaque mot redouble ma misère.
Pourquoi ta bouche ici nomme-t-elle mon père ?
A ce funeste nom tout mon sang s'est troublé.
Je le sens. Il faut fuir, ou tout est révélé.

Alfred sort.

SCÈNE X.

THÉCLA, ÉLISE.

THÉCLA.

Que peut-il vouloir dire, et quelle horreur l'agite ?
Il me fuit : comment puis-je expliquer cette fuite ?
Quels tourmens, quels remords semblent le déchirer ?
Parle-moi, que ta voix vienne me rassurer.
Tu me tiens lieu de mère, et ta main protectrice
De mon destin cruel adoucit l'injustice.
Elise, dans ton sein j'ai versé mes douleurs,
Et je n'ai plus que toi pour essuyer mes pleurs.

ÉLISE.

Ses discours ont porté dans mon ame tremblante

ACTE II. SCÈNE X.

Le même étonnement et la même épouvante.
Si j'en crois mes soupçons, ce mystère fatal
D'un grand événement doit être le signal.
J'ai vu de tous côtés nos troupes irritées.
On parle de rigueurs par la cour méditées,
On parle de complots avec les ennemis.
La discorde et la haine agitent les esprits.
On s'attroupe, on murmure, on menace. Immobile,
Le Duc à ces rumeurs oppose un front tranquille ;
Mais il est consumé par des ennuis secrets.

THÉCLA.

Un funèbre génie habite en ce palais.
Depuis que dans ces murs le Duc m'a rappelée,
Malgré moi, je me sens éperdue et troublée.
Je suis seule, sans force ; Alfred est loin de moi.
Alfred ! dans l'univers Thécla n'avait que toi !
Allons chercher Alfred : va le trouver, Elise :
Qu'il revienne en ces lieux, qu'il parle, qu'il me dise
Quel malheur si subit a causé sa douleur.
Hélas ! souffrir ensemble est un dernier bonheur.

FIN DU SECOND ACTE.

ACTE TROISIÈME.
SCÈNE I.

WALLSTEIN, *seul, et se promenant à grands pas.*

En quoi ! c'en est donc fait...... du sort inexorable,
L'arrêt est prononcé..... l'arrêt irrévocable !
Vers la rebellion son invisible bras
A, presqu'à mon insçu, précipité mes pas.
Ce n'étoit ce matin qu'une vague pensée,
Et ce soir, malgré moi, tout-à-coup annoncée,
Elle éclate au dehors, et d'un bruit menaçant
Va porter l'épouvante au cœur de Ferdinand.
Le ciel m'en est témoin. Jamais au fond de l'ame
Je ne voulus ourdir cette coupable trame.
A mon gré de l'Empire agiter les destins,
Tenir d'un maître ingrat le sort entre mes mains,
Pouvant la lui ravir, lui laisser la puissance,
Flattoit de ma fierté la superbe imprudence.
J'aimais, sans m'en servir, à sentir mon pouvoir,
Je voyais près de moi le sentier du devoir,
Encore ouvert ! soudain un mur d'airain s'élève,

ACTE III. SCÈNE I.

Ce projet si confus, il faut que je l'achève.
Tout m'accuse, tout vient déposer contre moi.
Plus je fus innocent, plus suspecte est ma foi.
Ce qu'a pu me dicter la fougue, la colère,
La confiance aveugle ou l'ardeur téméraire,
Les désirs fugitifs, errans dans mon esprit,
Ce qu'au hasard j'ai fait, ce qu'au hasard j'ai dit,
Paraît un plan, s'unit, se combine, s'entasse,
Et formant de soupçons une invincible masse,
Obscurcit le passé, subjugue l'avenir,
Semble prouver le crime et force à l'accomplir !

SCÈNE II.

WALLSTEIN, TERSKY.

TERSKY.

L'envoyé Suédois vous demande audience.

WALLSTEIN.

Ah ! combien l'écouter me fait de violence,
Et qu'il m'est dur de voir cet étranger hautain
M'offrir comme un bienfait un secours incertain,
Me vendre chèrement sa douteuse assistance,
Prétendre, en m'offensant, à ma reconnaissance,

Calculer à loisir nos dangers, nos besoins,
Et s'applaudir des maux dont ses yeux sont témoins,
Espérant, si le ciel me trompe en cette lutte,
Comme de mes succès, profiter de ma chute !

TERSKY.

Eh ! laissez-lui, Seigneur, s'il sert à vos projets,
Son espoir, ses calculs et ses motifs secrets !
Il saura mal, peut-être, en son âpre franchise,
Ambassadeur guerrier, vous cacher sa surprise.
Dès l'enfance asservi par un vain préjugé,
Harald de vos desseins souvent a mal jugé.
Son cœur, pour le héros que chérit sa patrie,
Porta le dévoûment jusqu'à l'idolâtrie,
Et, plein du souvenir d'un monarque adoré, (32
Dans tous les souverains voit un objet sacré.
De Gustave, à ses yeux, l'éclat les environne,
Dans Ferdinand lui-même il respecte le trône.
Mais d'un agent aveugle et d'un obscur soldat
Dédaignez le suffrage, et songez à l'état.
Votre gloire par lui ne peut être blessée ;
Il n'est qu'un instrument ; qu'importe sa pensée ?

WALLSTEIN.

Va. Je t'entends. Plus fier et plus heureux que moi,

ACTE III. SCÈNE II.

Fidèle à son pays et fidèle à son Roi,
Harald au fond du cœur nous méprise peut-être.
En m'unissant à lui, je lui parais un traître.
Après un silence.
Que porte le traité qu'il me vient présenter ?

TERSKY.

Si vous-même aujourd'hui vous daignez l'accepter,
Si la triple alliance est par vous confirmée,
Richelieu vous promet de solder votre armée,
Et Bannier à votre aide envoie un corps nombreux.

WALLSTEIN, *avec amertume et défiance.*

Eh quoi ! ces étrangers n'exigent rien pour eux ?
Tersky se tait.
Réponds.

TERSKY.

Vos longs retards leur ont fait quelqu'ombrage.
Il faut de votre foi leur accorder un gage.

WALLSTEIN.

Quel est-il ?

TERSKY.

Je l'ignore. Harald veut en ce jour
Sur ce point, à vous seul s'expliquer sans détour.

WALLSTEIN.

Un gage ! Il m'ose ainsi montrer sa défiance !
Tout mon cœur contre lui se révolte d'avance.
Après un silence et avec effort.
N'importe... il peut venir.
Tersky sort.
Je sens rougir mon front.
Apprends-moi donc, ô sort ! à porter cet affront !
Tu me tiens malgré moi sous ton joug despotique,
J'obéis en esclave à ta loi tyrannique,
Mais cette loi de fer indigne ma fierté.
Ah ! sévère est l'aspect de la nécessité.

SCÈNE III.

WALLSTEIN, HARALD.

WALLSTEIN, *avec un embarras qu'il cherche à cacher.*

Vous venez de la part d'un sage et d'un grand homme.[*]
J'honore en vous son choix. C'est Harald qu'on vous nomme...

HARALD.

Oui, Seigneur.

WALLSTEIN.

Votre nom ne m'est pas inconnu.

[*] Oxenstiern.

ACTE III. SCÈNE III.

HARALD.

Ce nom jusques à vous peut être parvenu.
Près du Roi, qu'à Lutzen frappa la mort cruelle,
Autant que je l'ai pu, j'ai signalé mon zèle.

WALLSTEIN.

Sans doute. Il m'en souvient. Pour venger son trépas,
Votre ardente valeur s'acharna sur mes pas.
Vous me surprîtes seul ; l'attaque était soudaine :
A vos guerriers nombreux j'échappai, mais à peine.

HARALD.

Je suis fier d'avoir vu, par un sort glorieux,
Reculer un instant un héros si fameux.

WALLSTEIN.

Votre main fit tomber mon casque de ma tête.

HARALD.

Pour vous, par cette main, la couronne s'apprête.

WALLSTEIN.

Vos pouvoirs ?

HARALD.

Les voici.

Il lui remet une lettre, et, après un moment de silence pendant lequel Wallstein lit, il continue d'un ton froid et contenu.

Mais avant de finir,
Que de points importans il nous faut éclaircir!

Wallstein lui fait signe de s'asseoir.
Ils s'asseyent tous les deux.

WALLSTEIN, *après avoir lu.*

Votre maître avec moi bannit tout artifice.
Pour monter sur le trône il m'offre son service,
Et croit, par ce secours à ma grandeur prêté,
Du Roi que vous pleurez remplir la volonté.

HARALD.

Il est vrai. Ce grand Roi, durant sa noble vie,
Toujours de son suffrage honora le génie,
Et se plut, devant tous, à louer vos exploits.
A régner, disait-il, les héros ont des droits.

WALLSTEIN.

Lui-même eut seul le droit de tenir ce langage.

En prenant tout à coup le ton de la
plus grande confiance.

Harald, nous poursuivons un commun avantage.
Ennemi généreux, Wallstein, plus d'une fois,
A d'un péril pressant sauvé les Suédois. (33
Souvent de mes guerriers j'arrêtai la furie.
Vos bataillons épars aux champs de Franconie,
Me durent, vers Gustave, un facile retour....

ACTE III. SCENE III.

De là vient contre moi la haine de la cour.
Formons donc désormais une étroite alliance,
Et qu'entre nous enfin règne la confiance.

HARALD, *froidement.*

Seigneur, la confiance est l'ouvrage du tems,
Et déjà nous traitons sans fruit depuis deux ans. (34

WALLSTEIN, *avec embarras.*

Je vois dans ce discours un soupçon que j'excuse.
Contraint par l'injustice à descendre à la ruse,
Entraîné malgré moi.... dominé par le sort....
Je.... trahis l'Empereur.... je pourrais sans remord
Tromper un ennemi comme je trompe un maître....
Répondez.... c'est ainsi que me jugeant peut-être....

HARALD, *toujours plus froidement.*

Le chancelier, Seigneur, a daigné me charger
De traiter avec vous et non de vous juger.

WALLSTEIN.

Ferdinand me poursuit. Sa noire ingratitude
S'est fait de m'offenser une constante étude;
Deux fois à ses sermens je me suis confié,
Je me suis vu deux fois proscrit, sacrifié.
Il m'outrage innocent, qu'il me craigne rebelle.

Tout de le devenir me fait la loi cruelle,
Ma gloire, mon honneur, mes droits, ma sûreté :
Si je trahis enfin, c'est par nécessité.

HARALD.

Je le crois. Autrement, qui pourrait s'y résoudre ?
Après un silence.
Mais ce n'est point à nous de blâmer ou d'absoudre.
A vos secrets motifs nous sommes étrangers,
Seigneur : vous connaissez vos devoirs, vos dangers.
C'est à vous de juger quel dessein vous anime,
Si l'entreprise est juste ou bien illégitime ;
Pour nous, à force ouverte ici nous combattons.
Une occasion s'offre, et nous en profitons.
Ainsi donc, si tous deux, sûrs enfin l'un de l'autre....

WALLSTEIN.

Eh bien ! qu'exigez-vous ? et quel doute est le vôtre ?
Votre maître peut tout. Voici l'instant fatal.
Je suis prêt. Il n'a plus qu'à donner le signal,
Qui l'arrête ?

HARALD.

    Seigneur, vos exploits, votre gloire,
Les palmes, dont cent fois vous ceignit la victoire,
Mansfeld vaincu par vous (35), et Tilly surpassé,

ACTE III. SCÈNE III.

Le Danois fugitif, de l'Empire chassé, (36
Par un soudain prodige une invincible armée
Tout-à-coup et d'un signe à votre voix formée,
Tous ces faits sont présens à notre souvenir :
Cependant.... (*Il hésite.*

WALLSTEIN, *avec impatience.*

Cependant ?

HARALD.

S'il en faut convenir,
Nous pensons.... (*Il s'arrête encore.*

WALLSTEIN, *vivement.*

Finissez un détour inutile.

HARALD.

Nous pensons, pardonnez, qu'il est moins difficile
De rassembler d'un mot, d'entraîner aux combats,
A la mort, des milliers d'intrépides soldats,
Que d'en conduire un seul.... Excusez ma franchise.
Il s'arrête de nouveau.

WALLSTEIN.

Achevez.

HARALD.

A fausser la foi qu'il a promise.

WALLSTEIN, *après un mouvement violent qu'il contient, et d'un ton calme et indifférent, en apparence.*

Suédois, protestant, l'on doit penser ainsi.
Par un zèle sincère entraîné jusqu'ici,
Chacun de vos guerriers, armé pour sa croyance,
Fait avec le ciel même une auguste alliance,
Combat pour son pays, pour son Dieu, pour sa foi,
Et marche, encor guidé par l'ombre de son Roi.
Mais d'un culte ébranlé défenseurs mercenaires,
Mes soldats, rassemblés des rives étrangères,
Sont un amas confus de mille nations,
Soulevé par le trouble et les séditions.
Les uns, du fond du Nord, viennent pour le pillage.
D'autres ont vu le jour dans cette île sauvage
Où le peuple sans frein, foulant aux pieds les lois,
Se plaît à mépriser la majesté des Rois. (37)
Quelques-uns dans la Gaule ont reçu la naissance,
Et dans les factions nourris dès leur enfance,
Proscrits ou fugitifs, ils cherchent en ce lieu
L'impunité qu'ailleurs leur ravit Richelieu.
D'autres sont accourus des champs de l'Italie.
Tous n'ont que leurs drapeaux pour Dieux et pour patrie.
A leur seul intérêt consacrant leur valeur,

Ils servent ma fortune, et non pas l'Empereur.
Des sermens oubliés n'ont rien qui les arrête.
Qui veut régner sur eux doit marcher à leur tête.
Jamais, devant un front dépouillé de lauriers,
L'on ne verra fléchir l'orgueil de mes guerriers ;
Et tous, de Ferdinand abjurant la mémoire,
N'attendent que de moi leur grandeur et leur gloire.
Voulez-vous un garant de leur fidélité ?
Lisez l'engagement que leur zèle a dicté.

Il remet à Harald l'engagement signé par les généraux.

HARALD, *après l'avoir lu.*

Je me rends, et je vais m'expliquer sans mystère.
Je puis conclure un pacte à tous deux salutaire,
Seigneur, vous accorder le secours le plus prompt
Et du bandeau royal décorer votre front.
Je le puis d'un seul mot : mais, par ce traité même,
Telle est du Chancelier la volonté suprême,
Il faut que, nous prouvant votre sincérité,
Entre nous tout soupçon soit par vous écarté.

WALLSTEIN.

Comment ?

HARALD.

Bientôt l'Autriche, un instant ébranlée,

Dirigera sur vous sa force rassemblée.
Prévenez sa vengeance, et jusqu'en ses états
Conduisez sans retard vos valeureux soldats.
Détournez loin d'ici l'orage qui s'apprête.
Allez de l'Allemagne achever la conquête.
La Bohême est soumise à votre autorité :
Que ses forts, en nos mains, soient gages du traité,
Jusqu'au jour où la paix, notre commun ouvrage,
Nous aura de l'Empire assuré le partage.
Notre appui, nos secours, nos bras sont à ce prix.
Prononcez à présent. Mes ordres sont remplis.
Au nom du Chancelier, votre allié, mon maître,
Pour Roi, dès aujourd'hui, je vous puis reconnaître.

WALLSTEIN, *avec une indignation contenue,
mais à laquelle il se livre par degré.*

Harald, je vous écoute, et je crois m'abuser. —
Quel indigne traité m'osez-vous proposer ?
Pour prix de vos secours, vous céder mes provinces!
Tout chargé de vos fers, m'asseoir parmi nos Princes,
Abandonner mon peuple, et pour premiers bienfaits
Permettre à l'étranger d'opprimer mes sujets !
A tant d'abaissement si je pouvais souscrire,
De quel œil, justes Dieux, verraient-ils mon empire!

ACTE III. SCENE III.

De quel œil verraient-ils un Monarque avili,
Les placer lâchement sous le joug ennemi !
Je prétends qu'à mes lois la Bohême obéisse,
Mais j'étendrai sur elle une main protectrice :
Je n'y veux commander que pour la mieux servir,
Et Ferdinand ni vous n'oserez l'envahir.
Je vois trop vos projets. Tour-à-tour nous abattre,
Par des traités adroits conquérir sans combattre,
Sur nos divisions fonder votre pouvoir,
Et nous accabler tous, oui, voilà votre espoir.

HARALD.

Ces transports imprévus excitent ma surprise ;
Mais j'y vais, sans courroux, répondre avec franchise.
Appelés par les cris des peuples opprimés,
Pour défendre leurs droits, nos bras se sont armés.
Nous avons traversé l'orageuse Baltique :
Notre sang a fondé la liberté publique.
Le Germain nous doit tout. Mais il voudrait bannir
De nos bienfaits passés l'importun souvenir.
Il voit avec envie, au sein de l'Allemagne,
Nos guerriers, que partout la victoire accompagne,
Au fond de nos forêts il nous veut renvoyer.
Un peu d'or, à ses yeux, suffit pour nous payer.
Nous n'accepterons point cet indigne salaire,

Notre Prince a péri sur la terre étrangère;
Nous voulons de sa cendre assurer les honneurs,
Et rester citoyens où nous fûmes vainqueurs.
Et qui nous dit qu'un jour, trompant notre espérance,
Vous-même ne rompiez une courte alliance,
Et grâce à nos efforts, vainqueur de Ferdinand,
Ne tourniez contre nous votre pouvoir naissant?
Je parle sans détour. De notre confiance
La Bohême en nos mains doit être l'assurance.
Mais nos secours alors, secondant votre bras,
Pourront sous votre joug mettre d'autres états;
Et nous consentirons qu'un échange facile
Rende, pour tous les deux, notre victoire utile.

WALLSTEIN.

J'ai conquis mes états: je les saurai garder.
Auprès du Chancelier retournez sans tarder.
Portez-lui ma réponse. A cet opprobre insigne
Il s'est en vain flatté que Wallstein se résigne.
Je ne livrerai point mon pays malheureux
Pour en tenir de vous quelques débris honteux.
Non. Non. Jamais.

HARALD.

Seigneur, je vois avec estime

ACTE III. SCENE III.

Ces éclats d'un courroux peut-être magnanime.
Au scrupule tardif qui vous vient retenir,
Avant de conspirer il fallait réfléchir.
Qui prétend usurper la grandeur souveraine
En doit payer le prix au destin qui l'entraîne.
De vos propres succès vous êtes l'ennemi.
Le devoir ne se peut accomplir à demi.

Harald sort.

WALLSTEIN, *après un assez long silence, pendant lequel il suit Harald des yeux jusqu'à sa sortie.*

Voilà ces alliés dont on vantait le zèle !
Qu'aisément se trahit leur amitié cruelle !
S'ils m'offrent leur secours, c'est pour me dépouiller :
De mes propres états ils veulent m'exiler.
Ah ! que plutôt cent fois tout mon espoir s'écroule !
Que plutôt tout mon sang en longs torrens s'écoule,
Avant que l'étranger, par Wallstein déchaîné,
Profane insolemment le sol où je suis né !

Illo entre précipitamment.

SCÈNE IV.

WALLSTEIN, ILLO, *ensuite* TERSKY.

WALLSTEIN.

Illo, que voulez-vous ?

ILLO.

Tersky vers vous m'envoie :
A des troubles soudains votre armée est en proie.
De mouvemens confus vos soldats agités
Promènent au hasard des regards irrités.
Leurs nombreux bataillons, entr'eux d'intelligence,
Armés, d'un air farouche et d'un profond silence,
Auprès de leurs drapeaux courent se réunir.
A des ordres secrets tous semblent obéir.
On dirait au combat que chacun se dispose.
Nous tentons vainement d'en pénétrer la cause,
Aucun ne veut nous suivre, aucun ne veut parler.

WALLSTEIN.

Qui donc à mon insçu les a pu rassembler ?
Où sont leurs généraux ?

ILLO.

En ce désordre extrême

ACTE III. SCENE IV.

Je croyais les trouver en votre palais même.
Buttler, le seul Buttler, secondant nos efforts,
Des soldats avec nous appaise les transports.
Nous avons admiré son crédit salutaire.
Il parle aux plus mutins, les flatte, les modère.
Un regard, un coup-d'œil les ramène au devoir.

WALLSTEIN.

Et d'où vient que sur eux il a tant de pouvoir?

ILLO.

Nous l'ignorons, Seigneur; mais ce guerrier fidèle
Dans ce péril subit nous a prouvé son zèle.

WALLSTEIN.

Gallas?

ILLO

Partout en vain nos regards l'ont cherché.
Ce timide vieillard est en fuite ou caché.

WALLSTEIN.

Se pourrait-il?... mais non. Et vos propres cohortes?

ILLO.

De la ville, Seigneur, elles gardent les portes.

WALLSTEIN.

Les soldats de Murray?

WALLSTEIN.

ILLO.

Veillent sur les remparts.

WALLSTEIN.

Les Flamands, les Wallons?

ILLO.

Près de leurs étendarts,
Sur la place attroupés ils restent immobiles.

WALLSTEIN.

Allez. De mes guerriers ce sont les moins dociles.
De la cour en secret leur chef est l'instrument.
Que le corps de Buttler les dissipe à l'instant.

Illo sort par un des côtés. Dans le même moment Tersky entre par le côté opposé.

TERSKY.

Avez-vous ordonné que les Houlans partissent?

WALLSTEIN.

Je n'ai rien ordonné.

TERSKY.

Seigneur, ils nous trahissent.
Les postes avancés sont délaissés par eux.
A peine on voit encor leurs escadrons nombreux
Qui, suivant loin d'Egra leur rapide carrière,

ACTE III. SCENE IV.

Rejettent derrière eux des torrens de poussière.

WALLSTEIN.

Palfy qui les commande ?

TERSKY.

Eh ! ne savez-vous pas ?
Vers Tabor, par votre ordre, il a porté ses pas.

WALLSTEIN.

Par mon ordre ! Perçons ce mystère coupable.
Viens, suis-moi.

Il veut sortir avec Tersky. Illo rentre.

ILLO.

Trahison ! perfidie exécrable !

WALLSTEIN.

Que dis-tu ?

ILLO.

Les mutins refusent d'obéir,
Seigneur ; tous mes efforts n'ont pu les contenir.
Ils déclarent Gallas seul chef de cette armée.

WALLSTEIN.

Gallas !

TERSKY.

Ciel !

ILLO.

Sa puissance est partout proclamée.

TERSKY.

Le traître !

*Wallstein se couvre le visage de ses mains,
et se laisse tomber dans un fauteuil.*

ILLO.

Il a lui-même, en partant de ces lieux,
Montré de l'Empereur l'ordre mystérieux.
La révolte par lui préparée et conduite...

WALLSTEIN, *avec anxiété.*

Alfred ?

ILLO.

Sans doute Alfred l'a suivi dans sa fuite.
Ensemble ils ont tramé ce perfide dessein.

TERSKY.

Ah ! mon pressentiment n'était que trop certain !
Seigneur, si repoussant une aveugle tendresse...

WALLSTEIN, *avec désespoir.*

Gallas ! Alfred ! grands Dieux !... Etouffons ma faiblesse.

En se levant, et d'un ton ferme.

Amis ! c'est pour moi seul que ce jour est affreux.
Loin de vous tout effroi. Nos efforts généreux

ACTE III. SCÈNE IV.

Sont en vain traversés par un ami coupable.
Voyez... j'ai surmonté la douleur qui m'accable.
Le trait qui m'a percé ne m'affaiblira pas :
Il a doublé plutôt la force de mon bras.
Je tournerai contr'eux ce trait qui me déchire.
Oui ; je les veux punir de l'avoir pu séduire.
Ils paîront les tourmens qu'ils me font éprouver.
D'un appui, dans l'ingrat, ils ont cru me priver ;
Mais son crime a rendu ma victoire infaillible,
Et le lion blessé n'en est que plus terrible.

Il veut sortir avec Illo et Tersky.

SCÈNE V.

Les précédens, THÉCLA, ÉLISE.

THÉCLA, *effrayée.*

Mon père !

WALLSTEIN.

Malheureuse ! ah ! que veux-tu de moi ?
A quel traître, à quel lâche as-tu donné ta foi !
Gallas nous a trahis ; Alfred est son complice :
Alfred a partagé son horrible artifice.
Laisse-moi.

Pendant ces vers de Wallstein, Illo sort.

THÉCLA.

Dans ce crime Alfred n'a point trempé.
Jamais, jamais Alfred ne vous aurait trompé;
Jamais sans me revoir il ne m'aurait quittée :
J'en atteste le ciel,

ILLO, *rentrant, à Wallstein.*

Toujours plus irritée
La foule des mutins...

WALLSTEIN.

Je les vais disperser,
Ne tardons plus, allons.

Wallstein sort. Illo et Tersky le suivent.

SCÈNE VI.

THÉCLA, ÉLISE.

THÉCLA.

Qu'ose-t-on m'annoncer?
Alfred me disent-ils, est un traître, un parjure,
De ces bruits odieux je connais l'imposture.
Ce n'est pas là ma crainte; et mon cœur rassuré
Par ces affreux soupçons ne peut être égaré.

Mais d'où vient qu'il nous fuit !... Si son père l'abuse,
Si lui-même est trompé... si quelqu'indigne ruse...
De cette obscurité ne me puis-je affranchir ?
Grand Dieu ! sur son destin daigne enfin m'éclaircir !
J'ignore tout, hélas ! tout, hors son innocence.

SCÈNE VII.

Les précédens, ALFRED.

THÉCLA, *s'élançant vers Alfred.*

ALFRED... c'est toi... le ciel m'a rendu ta présence.
*Elle s'appuye sur le bras d'Alfred,
et s'arrête, ne pouvant parler.*
De mon saisissement je ne puis revenir....
Alfred... ils t'accusaient de tromper... de trahir....
Que ne soupçonnait pas leur fureur insensée !...
J'ai rejeté bien loin leur coupable pensée.
Thécla pas un instant de ton cœur n'a douté.

En se remettant, et avec plus de calme.
Je ne sais quel tumulte a soudain éclaté.
Des factieux, dit-on, répandus dans l'armée
L'agitaient. Mais peut-être elle est déjà calmée.
Mon père à leurs regards vient de se présenter :
A son ordre, à sa voix nul ne peut résister.

De te revoir ici quelle sera sa joie!
Cher Alfred, c'est un Dieu qui vers nous te renvoie.
Je retrouve avec toi l'espoir et le bonheur.

ALFRED.

Il n'en est plus : dissipe une trop douce erreur.
Ton amant, ton Alfred n'est que le fils d'un traître.
Honteux à tous les yeux je voulais disparaître,
Loin de ce lieu fatal chercher un prompt trépas,
Je partais. Tout à coup j'apprends que nos soldats,
Par mon père excités, oh comble de misère!
Non loin de ce palais, s'arment contre ton père.
Je ressaisis ma force et viens le secourir,
Te revoir, te quitter, le sauver et mourir.
Adieu.

Il sort avec impétuosité.

THÉCLA.

Non, je te suis.
Elle veut sortir.

ACTE III.

SCÈNE VIII.

THÉCLA, ÉLISE.

ÉLISE, *en retenant Thécla.*

Quel effroi vous égare !
N'affrontez pas, Madame, une foule barbare,
Le Duc a sur l'armée un absolu pouvoir.
Vous la verrez bientôt, rentrant dans le devoir,
Et confuse et soumise, à l'envi reconnaître
Un chef qui fut toujours son sauveur et son maître,

THÉCLA.

Va, tu combats en vain mon noir pressentiment,
Elise ; si l'espoir me ranime un moment,
Bientôt il disparaît, et la nuit plus épaisse
Redouble dans mon sein le tourment qui m'oppresse,
Tout est perdu. Ce jour ne sépare-t-il pas
La fille de Wallstein et le fils de Gallas ?
Entre nos deux maisons la guerre est déclarée.
Pour jamais contre nous leur haine est conjurée,
O toi, dont les regards contemplent tes enfans,
Toi qui daignas sourire à leurs feux innocens,

Prends pitié de ta fille en un lieu si funeste,
O ma mère, et du haut de ton séjour céleste,
Contre un destin cruel qui nous frappe aujourd'hui,
Que ton bras nous protège et nous serve d'appui.

FIN DU TROISIÈME ACTE.

ACTE QUATRIÈME.
SCÈNE I.
THÉCLA, ÉLISE.

THÉCLA.

Nul ne vient. Chaque instant accroît mon épouvante.
J'erre dans ce palais, solitaire et tremblante.
Des soldats, disait-on, les transports sont calmés.
Ces transports tout à coup seraient-ils rallumés?
Retenue en ces lieux par un ordre sévère,
Je frémis pour Alfred, je frémis pour mon père.
C'est pour m'accabler mieux du poids de la douleur
Que le sort me berça d'un rêve de bonheur.
Comme il nous a trompés ! quels lugubres présages
Président à ces nœuds, formés dans les orages !
Les plus doux sentimens sont des piéges cruels
Que tend la destinée aux malheureux mortels.
De l'âpre ambition les décrets redoutables
Sur nos vœux innocens frappent impitoyables.
Son pouvoir ennemi se nourrit de nos pleurs.
Le monde est sans amour et sans pitié les cœurs.
Il faut fuir cette terre où l'ame est opprimée.

J'ai connu le bonheur : j'aimais, je fus aimée.
C'est assez. Dieu clément, termine mon destin,
Et rappelle bientôt ton enfant dans ton sein !

Illo paraît avec des soldats.

Illo !... c'est vous...

SCÈNE II.

LES PRÉCÉDENS, ILLO.

ILLO, *à ses soldats.*

Soldats, veillez à cette porte,
Et que nul étranger n'y pénètre ou n'en sorte.

THÉCLA.

Illo ! que fait mon père ?

ILLO.

Il parlait aux mutins.
On voyait s'adoucir leurs esprits incertains,
Madame ; mais remplis d'un imprudent courage,
Les soldats de Buttler ont rallumé leur rage :
Ils ont, de l'Empereur déchirant les drapeaux,
Arboré de Wallstein les étendards nouveaux
Que nous tenions cachés, et qui devaient paraître

ACTE IV. SCÈNE II.

Quand, dans les murs d'Egra, le Duc serait le maître.
De colère, aussitôt les cœurs se sont émus ;
Nos cris, nos désaveux ont été superflus.
Une troupe d'amis, près du Duc rassemblée,
Soutient des factieux l'attaque redoublée.
Craignant que leur fureur ne pénètre en ces murs,
Wallstein envoie ici ses guerriers les plus sûrs,
Dont le zèle, écartant la horde conjurée,
De ce dernier asile au moins garde l'entrée.
J'exécute son ordre et retourne à l'instant
Vers ce héros trahi....

Tersky paraît avec Isolan, Buttler et d'autres officiers.

SCÈNE III.

Les précédens, TERSKY.

TERSKY.

Wallstein est triomphant,
De quelques insensés l'imprudence funeste
Contre lui des soldats avait armé le reste.
Au sein de la mêlée il s'est précipité.
La colère brillait sur son front redouté.
Il force à s'entr'ouvrir la foule qui l'obsède :

Aux cris des révoltés le silence succède.

Les cœurs, à son aspect, s'émeuvent tour-à-tour
De doute, de frayeur, de respect et d'amour.
Un corps seul lui résiste, et d'un sombre murmure
Répète encor les mots de serment, de parjure,
Du nom de Ferdinand fait retentir les cieux.
Wallstein veut appaiser ces cris séditieux.
Il s'avance. D'un traître on voit briller l'épée :
Du sang de votre père elle eût été trempée,
Sur lui le fer coupable était déjà levé.
Soudain paraît Alfred : Alfred seul l'a sauvé.
Alfred que de Gallas nous croyions le complice !

THÉCLA.

Alfred ! Alfred ! mon cœur t'avait rendu justice.

TERSKY.

Il saisit d'un bras sûr le perfide assassin :
Il s'empare du glaive échappé de sa main.
Buttler, de nos dangers la cause involontaire,
Lui vient prêter alors un secours salutaire.
Nous perçons au milieu des mutins effrayés.
Ils abjurent leur crime, ils tombent à nos pieds.
Wallstein n'est entouré que de bandes loyales,
Qui, le servant d'un zèle et d'une ardeur égales,

Jusqu'au sein du palais dans leurs bras l'ont porté,
Avec des cris de joie et de fidélité.

THÉCLA.

Courons au-devant d'eux : grâce au destin prospère,
Je verrai dans Alfred le sauveur de mon père.

*Thécla sort avec Tersky et tous les
autres, excepté Buttler et Isolan.*

SCÈNE IV.

ISOLAN, BUTTLER.

ISOLAN.

Hé bien ! de tes efforts voilà donc tout le fruit !

BUTTLER.

De Wallstein, jusqu'au bout, l'ascendant nous poursuit.
Je croyais, que par moi la révolte allumée
A sa cause coupable arracherait l'armée,
Et qu'à tous les regards ses drapeaux arborés
Dessilleraient des yeux sur son crime éclairés.

ISOLAN.

Qui l'eût prévu qu'Alfred aurait pris sa défense ?

WALLSTEIN.

BUTTLER.

La fortune inconstante a trompé ma prudence :
J'ai dû servir Wallstein contre les révoltés,
Et calmer les transports par moi-même excités.

ISOLAN.

Demain, de nos complots la trame est découverte.
Demain, l'aurore vient éclairer notre perte.

BUTTLER.

Nous la devancerons.

ISOLAN.

Quels projets sont les tiens ?
Réponds.

BUTTLER.

Pour perdre un traître il est mille moyens.

ISOLAN.

Quels sont-ils ?

BUTTLER.

Maintenant je ne puis t'en instruire.
Mais le rebelle en vain pense atteindre à l'Empire.
Déjà le précipice est creusé sous ses pas.

ISOLAN.

Que prétends-tu ?

ACTE IV. SCÈNE IV.

BUTTLER.

Ce soir, ici, tu l'apprendras.

Silence ; le voici.

SCÈNE V.

Les précédens, WALLSTEIN, ALFRED, THÉCLA, ÉLISE, ILLO, TERSKY, OFFICIERS, SOLDATS, PEUPLE.

Wallstein en entrant tient Alfred et Thécla par la main. Thécla se place avec Élise d'un côté du théâtre, Alfred de l'autre, mais séparé du reste des officiers.

WALLSTEIN *aux officiers de sa suite.*

La révolte est calmée.
Sous la loi du devoir j'ai fait rentrer l'armée.
Guerriers, de votre erreur perdons le souvenir.
J'aspire à vous défendre au lieu de vous punir.
Ainsi que moi, jouets d'un Monarque parjure
Hâtez-vous de venger notre commune injure.
Ce peuple, que l'Autriche opprima trop long-tems,
Délivrons-le des fers qu'ont forgés ses tyrans.
J'ai servi malgré moi leur fureur sanguinaire ;

A force de succès j'ai cru finir la guerre ;
J'ai cru que l'Empereur, raffermi par mon bras,
En vainqueur indulgent régirait ses Etats.
Vain espoir ! Dans sa cour, d'insolence enivrée,
Je l'ai vu déchirer votre chartre sacrée, *
Prodiguer vos trésors à de vils favoris,
Jusqu'au sein de l'exil poursuivre les proscrits,
Et du prêtre de Rome esclave inexorable,
Désignant tour-à-tour, dans son zèle implacable,
Le père pour victime et le fils pour soldat,
Traîner l'un à la mort, traîner l'autre au combat. **
J'ai vu de ce tyran l'aveugle intolérance
Ravir à ses sujets jusqu'au droit du silence,
Et ce peuple, au mépris des traités solennels,
Par des chiens écumans chassé jusqu'aux autels. ***
Ce joug sera brisé, j'en atteste ma gloire.
Et vous que j'ai cent fois conduits à la victoire,
Vous, soldats, pour quel maître avons-nous combattu ?
Pour un Prince énervé, sans force et sans vertu,

* Ferdinand II, assis sur son trône, coupa avec des ciseaux la *Lettre de majesté* qui garantissait les privilèges de la Bohême.

** On forçait les Bohémiens à s'enrôler dans les armées impériales, et à porter ainsi les armes contre leur propre croyance.

*** On prétend que les seigneurs catholiques de Bohême lançaient des chiens après les paysans pour les envoyer à la messe. Guerre de 30 ans. I. 103.

ACTE IV. SCENE V.

Qui, tremblant dans le cloître où languit sa faiblesse,
D'un œil sombre et jaloux nous contemple sans cesse.
Où sont les ennemis que mon bras n'ait domptés ?
Est-il quelque torrent qui nous ait arrêtés,
Quelque roc escarpé, quelque forêt obscure,
Quelqu'obstacle, créé par l'art ou la nature,
Que nos hardis efforts n'aient contraints à fléchir ?
Et c'est nous maintenant qu'on parle de punir !
Nous, dont rien n'a lassé la longue obéissance !
Contre nous, tout-à-coup on feint la défiance,
Et sur l'Empire entier l'on nous veut disperser,
Pour se mieux affranchir de nous récompenser.
Eh quoi donc ! aux dangers livrant notre jeunesse,
Nous avons combattu, souffert, lutté sans cesse,
De nos yeux fatigués repoussé le repos,
Bravé mille périls, supporté mille maux,
Par le fer, par le feu, marqué notre carrière,
Veillé dans le carnage et dormi sur la pierre,
Et lorsqu'enfin la paix, fruit de notre valeur,
Fait briller en ces lieux l'aurore du bonheur,
Amis, de ses bienfaits on prétend nous exclure.
Seuls, nous serions privés du repos qu'elle assure !
On veut que sans relâche, en d'éternels combats,
Serviles instrumens, nous cherchions le trépas !

Lorsque loin des hasards ses prêtres l'applaudissent,
Qu'importe à Ferdinand que ses soldats périssent?
A tout prix, l'un de l'autre, il faut nous éloigner.
La Cour, sans crainte alors, nous pourra dédaigner.
L'un recevra du glaive une mort inutile;
L'autre, pauvre, isolé, mendiant un asile,
Peut-être ira mourir, de misère accablé,
Au lieu même où son sang pour son Prince a coulé.

UN SOLDAT.

Sauvez-nous, guidez-nous, prenez notre défense,
Nous vous jurons respect, amour, obéissance.

UN AUTRE SOLDAT.

Meurent vos ennemis! nous les poursuivrons tous.

UN TROISIÈME.

Nous ne reconnaissons d'autre maître que vous.

WALLSTEIN.

Et moi, je jure ici qu'ardent à vous défendre,
Wallstein, dès cet instant, saura tout entreprendre.
Le destin des héros qui m'ont donné leur foi
Ne dépend désormais que du ciel et de moi.
Peuple, je détruirai votre indigne esclavage;
Vous aurez les honneurs dus à votre courage;

ACTE IV. SCENE V.

Guerriers; retirez-vous; laissez-moi méditer
Les desseins généreux prêts à s'exécuter.

A Illo et à Tersky.
Vous, demeurez tous deux, amis.

*Tout le monde sort, excepté Illo, Tersky,
Thécla, Élise et Alfred.*

A Illo et à Tersky.
Ma confiance

S'en repose à présent sur votre vigilance.
A Illo.
Il faut rendre des chefs aux corps abandonnés.
Que ces chefs, au plutôt, soient par toi désignés.
C'est dans les rangs obscurs, Illo, qu'il les faut prendre.
Jusqu'au simple soldat ne crains pas de descendre :
Consulte en les nommant leur courage et leur foi :
Lorsqu'ils me devront tout, ils seront plus à moi :
Fais surveiller aussi ces cuirassiers rebelles,
Qui, seuls de mes guerriers, sont restés infidèles.
Dans les murs de la ville ils sont encor épars.
Va.
Illo sort.
A Tersky.
Tu sais qu'aujourd'hui j'attends sous nos remparts
D'Arnim (38 et des Saxons l'importante assistance;
Au-devant de leurs pas qu'un messager s'avance,
Et dès qu'ils paraîtront, que j'en sois averti.
Tersky sort.

SCÈNE VI.

WALLSTEIN, ALFRED, THÉCLA, ÉLISE.

WALLSTEIN, *en prenant Alfred par la main.*
Alfred, avec Gallas je t'avais cru parti :
J'ai méconnu ta foi. Tu m'as sauvé la vie :
Sois mon fils, à ton sort que Thécla soit unie.

ALFRED.

Un bonheur aussi grand ne m'est pas destiné :
A l'horreur des regrets pour jamais condamné,
Permettez, qu'expiant le crime de mon père,
Je cherche loin de vous la fin de ma misère.

THÉCLA.

Ciel !

ALFRED.

Gallas avec lui prétendait m'entraîner,
Il vous avait trahi, j'ai dû l'abandonner.
Par d'indignes complots il croyait vous surprendre.
Contre ces attentats mon bras dut vous défendre,
Je l'ai fait. Maintenant, je dois vous fuir tous deux.
Entre mon père et vous, doublement malheureux,

Dans l'un je vois un traître, et dans l'autre un rebelle.
Pardonnez ma franchise, à moi-même cruelle,
Et.....

WALLSTEIN.

Je t'excuse encor, Alfred, écoute-moi,
Je conçois quel scrupule ébranle ici ta foi.
Ton sort, jusqu'à ce jour, indulgent et tranquille
Traçait à tes vertus une route facile.
Sous l'abri du devoir paisiblement rangé,
Tu marchais d'un pas sûr, d'un cœur non partagé :
Il n'en est plus ainsi. La route se divise.
Le doute a pénétré dans ton ame indécise.
Tu vois lutter entr'eux, sous des noms différens,
Devoirs contre devoirs, penchans contre penchans.
Le destin, désormais juste envers le courage,
Des antiques grandeurs veut un nouveau partage.
Le monde est ébranlé sur ses vieux fondemens.
Le tems vient renverser les ouvrages du tems.
D'un pouvoir passager, faibles dépositaires,
Les Rois vantent en vain leurs droits héréditaires.
Les trônes écroulés tombent de toutes parts.
Sur ces trônes brisés plantons nos étendarts.
A ce noble dessein la fortune conspire.
Weymar, au bord du Mein, fonde un nouvel empire. (39

Mansfeld eut échangé, sans un destin fatal,
Le casque du guerrier contre un bandeau royal. (40
L'étranger, qu'attiraient nos guerres intestines,
Jette au milieu de nous de profondes racines.
L'empire est déchiré. Notre fidélité
Retarde en vain l'arrêt de la fatalité.
Je marche donc au trône où son ordre m'entraîne.
J'ai dirigé toujours ta jeunesse incertaine,
Alfred....

ALFRED.

Tout est changé. Pour la première fois,
Sans être convaincu, j'écoute votre voix,
Seigneur; que répondrai-je à ce nouveau langage?
Ne tournez pas vers moi votre auguste visage,
Ces traits nobles et purs, ces regards pleins de feu,
Semblent me déclarer la volonté d'un Dieu.
Et comment tout-à-coup secouer leur puissance !
Tout mon être est encor dans votre dépendance,
Quand mon cœur déchiré la brise avec effort.
Seigneur, entendez-moi. Par quel soudain transport,
Souillant de vos exploits l'antique renommée,
Voulez-vous vers le crime entraîner votre armée,
Fonder votre pouvoir sur la rebellion,

Démentir votre gloire et flétrir votre nom?
Wallstein finir ainsi son illustre carrière!

WALLSTEIN.

J'ai retardé long-tems un parti nécessaire,
Cher Alfred, et Wallstein, lent à se révolter,
A de la cour long-tems voulu tout supporter.
Mais rien de Ferdinand ne fléchit la vengeance.

ALFRED.

Laissez-moi lui porter, Seigneur, votre défense.
Permettez qu'à l'instant, volant auprès de lui,
Alfred, l'heureux Alfred devienne votre appui.
Je saurai, j'en suis sûr, le forcer à m'entendre.

WALLSTEIN.

Il n'est plus tems.

ALFRED.

Eh bien! Seigneur, osez descendre
D'un rang où désormais vous ne pouvez rester,
Puisque par un forfait il le faut acheter.
Innocent, vertueux, environné de gloire,
Léguez à l'avenir une illustre mémoire.
Inscrit par la victoire aux fastes des héros,
Wallstein a-t-il encor besoin d'exploits nouveaux?
Le plus grand des mortels, soyez-en le plus juste.

Laissez-moi partager votre retraite auguste,
Thécla vous y suivra. Couronnez notre amour,
Oublions et l'envie et la haine et la cour.
Etendez sur nous deux votre main paternelle;
Ah ! nous vous chérirons d'une ardeur si fidèle.
Vous verrez vos enfans, heureux de vos bienfaits,
Ne vivant que pour vous, ne vous quitter jamais.
J'ai trop vu de combats, de meurtre et de carnage.
Cette gloire sanglante a lassé mon courage,
Et mon cœur a besoin de plus doux sentimens.
Venez.

WALLSTEIN.

Je te l'ai dit, Alfred, il n'est plus tems.
Wallstein a déjà fait le pas irréparable
Et doit vivre en Monarque ou périr en coupable.

ALFRED.

Eh bien ! puisqu'il le faut, suivez votre courroux.
Vous êtes offensé, je le veux, vengez-vous.
Mais de la trahison repoussez l'assistance,
Tirez de l'Empereur une digne vengeance.
Proclamez vos projets, sortez de ses états.
Rendez-lui ses cités, ses trésors, ses soldats.
Fort de votre nom seul, déclarez-lui la guerre;
Assez de combattans suivront votre bannière,

ACTE IV. SCENE VI.

Et moi-même à ce prix, Seigneur, je vous suivrai :
Tout en vous condamnant je vous imiterai.
Même au sein de l'erreur l'ame peut rester pure ;
Mais tromper, mais trahir, mais descendre au parjure....

WALLSTEIN, *d'un air sombre, mais contenu.*

La jeunesse, imprudente en ses éclats fougueux,
Distribue au hasard des noms injurieux,
Et ne réfléchit pas, légère en ses murmures,
Qu'elle fait dans les cœurs de profondes blessures.
Que tenté-je, après tout, que n'aîent fait les héros
Admirés des mortels en leurs heureux travaux ?
Le sceptre, de tout tems, fut conquis par l'audace.
Albert ainsi lui-même a raffermi sa race. (41
En détrônant Adolphe, il établit les droits
Qu'invoque Ferdinand pour nous donner des lois.
Pendant que nous parlons, franchissant la distance,
Mon nouvel allié vers nos remparts s'avance.
L'indulgente amitié t'a long-tems écouté.
Décide maintenant. Le sort en est jeté.

Après un silence, et d'un ton plus doux.

Alfred, profite encor de ma reconnaissance.
De tes premiers refus je pardonne l'offense.
Etouffe un vain regret qui m'enlève ta foi.
Ton chef, ton vieux ami, Wallstein revient à toi.

Mes soins et mon amour, dès ta première enfance,
De tes exploits naissans furent la récompense.
Alfred ! rappelle-toi cet hiver rigoureux,
Où sous Prague investi nous combattions tous deux,
Hélas ! ton père et moi ! ta faible main glacée,
Tenait avec effort ton enseigne pressée,
Que ton instinct guerrier ne voulait point quitter.
Dans ma tente, aussitôt, Gallas te fit porter.
Je te pris dans mes bras; et ma main caressante
Rappela dans ton cœur ta chaleur expirante.
Pour toi, depuis ce tems, Wallstein a-t-il changé ?
Je t'ai chéri toujours, accueilli, protégé.
Des milliers de guerriers comblés de mes largesses
Ont obtenu de moi des honneurs, des richesses.
Mais je te réservais, Alfred, un autre prix.
Tous m'étaient étrangers : toi seul étais mon fils.
Va, ne me quitte pas. Cet effort impossible.....

ALFRED.

Eh ! Seigneur ! mes sermens, un devoir inflexible...
Plaignez-moi : vous voyez mes pleurs, mon désespoir....

WALLSTEIN.

Ton cœur ne te dit point quel est ton vrai devoir !
A ce cœur qui se tait, je vais le faire entendre.

Nourrissant pour Gallas l'amitié la plus tendre,
Sur sa fidélité je m'étais confié ;
Maître de mes secrets, il m'a sacrifié.
C'est lui, qui du devoir a brisé la barrière,
Lui, qui me poursuivant de sa main meurtrière
De l'erreur sur mes yeux a tissu le bandeau,
Dans un sein qui l'aimait a plongé le couteau,
Sous mes pas avec art a préparé l'abîme
Et, pour mieux l'entraîner, caressé sa victime.
C'est à toi maintenant d'expier ce forfait,
Alfred : viens réparer ce que Gallas a fait.
Reste ici. Loin d'un père et d'un ami parjure,
De mon cœur déchiré viens guérir la blessure.

ALFRED.

Oui, mon père est coupable, et son fils malheureux
Voudrait l'absoudre en vain de son crime honteux.
Les forfaits dans ces murs s'entassent l'un sur l'autre.

*Il prend la main de Thécla avec l'expression
de la plus vive douleur.*

Mais nous, Thécla, mais nous, quel crime est donc le nôtre?
Quels devoirs, quels sermens avons-nous outragés ?
Quels attentats sur nous doivent être vengés ?
D'aucun de ces forfaits notre cœur n'est complice.
Impitoyable sort ! quelle est donc ta justice ?

Pourquoi ton bras sur nous vient-il s'appesantir?
Qu'avons-nous fait?

WALLSTEIN, *avec douceur.*

Alfred!

ALFRED.

                        Non, je ne puis partir.
Mon ame subjuguée a ressaisi le doute;
Mon œil de la vertu n'aperçoit plus la route,
Je sens de ma raison s'éteindre le flambeau;
De tous ceux que j'aimais je deviens le bourreau.
Ma main brise un bonheur qu'un mot leur pourrait rendre.
Dans le fond de mon cœur deux voix se font entendre.
Tout est douteux, obscur. Suis-je un être odieux,
En refusant ce mot qui les rendrait heureux?
Oh qu'une voix du ciel descende sur la terre!
Fais briller devant moi cette pure lumière
Qui par la vérité conduit à la vertu,
Dieu puissant! prens pitié d'un esprit éperdu!
Ou toi.....

Il se jette aux pieds de Thécla.

               Toi, que ce Dieu fit si pure et si belle,
C'est à ton noble cœur que mon cœur en appelle.
Thécla, de tout mon sort je m'en remets sur toi.

ACTE IV. SCENE IV.

Au nom de notre amour, j'interroge ta foi.
Alfred, à ses sermens devenant infidèle,
Alfred, sur son pays levant sa main cruelle,
Et préparant la honte et peut-être la mort
D'un père criminel que son cœur plaint encor,
D'un Monarque abusé trompant la confiance,
Dis ! pourras-tu l'aimer ? tu gardes le silence !
Thécla, songe qu'un mot va fixer mon destin.
Je n'interroge pas la fille de Wallstein,
J'interroge d'Alfred la compagne chérie.
Il s'agit du repos, de l'honneur de ma vie,
De l'honneur des guerriers qui marchant sur mes pas
Se croiront vertueux en ne me quittant pas.

THÉCLA.

Alfred ! hélas !

ALFRED.

Arrête et suspends ta réponse.
Réfléchis bien, avant que ta bouche prononce.
Entre tous les devoirs ton cœur trop généreux
Verrait-il le plus saint dans le plus douloureux !
Ce n'est pas cet instinct, Thécla, qu'il faut en croire.
Ne cherchons point, séduits par une vaine gloire,
D'un gigantesque effort la barbare fierté,

Mais la simple vertu, mais la simple équité.
Rappelle-toi pour moi les bienfaits de ton père,
Combien à ce héros ma jeunesse fut chère :
L'habitude, l'amour, la longue intimité,
Et la reconnaissance l'hospitalité,
D'un souvenir sacré les profondes empreintes,
Thécla, pour les mortels sont aussi des lois saintes.
Décide.

THÉCLA.

De ton cœur l'arrêt s'est échappé.
Ton premier mouvement ne peut t'avoir trompé.
Ce qui t'a fait rougir, Alfred, doit être un crime.
Va, quelque fût ton choix, injuste ou légitime,
Thécla te garderait son amour et sa foi.
Tu ne pourrais cesser d'être digne de moi,
Du monde avec Alfred je braverais le blâme,
Mais le remords jamais ne doit flétrir ton ame.
Pars.

ALFRED.

Il faut te quitter !

THÉCLA.

Nos cœurs restent unis,
Ne me plains pas. Mes maux seront bientôt finis.

D'une faute étrangère il faut porter la peine.
Pars, dérobe ta tête au sort qui nous entraîne.
Adieu.

    Elle s'appuye sur Élise. Tersky entre et reste un moment dans l'enfoncement. Wallstein en l'apercevant, interrompt Thécla.

    WALLSTEIN *à Alfred.*

C'en est assez, je ne te retiens plus.
Wallstein a trop long-tems écouté tes refus.
Et puisqu'un vain scrupule ou ton ingratitude
De plaire à l'Empereur font ton unique étude,
Jouis d'avoir pour lui quitté ton bienfaiteur,
    En montrant Thécla.
Repoussé ma tendresse et déchiré son cœur.
Mais, en partant, apprends encor à me connaître.
Alfred, prends tes guerriers, mène-les vers ton maître:
Désormais dans ces murs où tout doit m'obéir,
Je ne veux point avoir de rebelle à punir.
Je t'ai nommé leur chef. J'étais loin de me dire
Qu'un jour contre Wallstein Alfred les dût conduire.
    A Tersky.
Les cuirassiers d'Alfred partiront avec lui,
Et des portes d'Egra sortiront aujourd'hui.
Sous les murs du palais qu'à l'instant ils se rendent.

Depuis assez long-tems mes généraux attendent.
Qu'ils entrent.

*Tersky sort, et rentre un instant après avec Buttler,
Illo et d'autres généraux.*

SCÈNE VII.

Les précédens, TERSKY, ILLO, BUTTLER.

WALLSTEIN *à Alfred.*

LAISSEZ-NOUS. Sortez.

ALFRED.

Quoi, sans pitié,
Vous brisez les liens de l'antique amitié !
Oh ! daignez m'accorder un regard moins sévère !
Cette affreuse douleur, rendez-la moins amère !
Ne me repoussez pas ; tournez vers moi les yeux :
Dites qu'Alfred n'est point un objet odieux.
Je pleure aussi sur vous. En ces lieux je vous laisse
Entouré de guerriers qui, faussant leur promesse....
Puissent-ils vous servir avec fidélité !
L'arrêt, l'arrêt terrible est contre vous porté.
Le salaire est promis. Votre tête sacrée
Au premier meurtrier par les lois est livrée.

ACTE IV. SCENE VII.

C'est en ce jour fatal que vous auriez besoin
Qu'un ami redoublât et de zèle et de soin,
Que veillant sur vos jours, sa tendresse craintive,
Au plus léger péril fût toujours attentive,
Et ceux que j'aperçois....

Il promène ses regards de défiance successivement sur Buttler, Illo et Tersky, et s'adresse enfin à Buttler.

Vous restez près de lui,
Buttler; promettez-moi de lui servir d'appui,
De verser, s'il le faut, votre sang pour sa vie.
Alfred, en le quittant, Alfred vous le confie.
Engagez-moi pour lui votre honneur, votre foi.
Donnez-moi votre main, Buttler, donnez-la-moi.

Il tend la main à Buttler. Buttler retire sa main et fait un mouvement en arrière. On entend dans le lointain des trompettes qui annoncent l'approche des cuirassiers d'Alfred. Des officiers de son régiment paraissent au fond du théâtre.

Qu'entends-je, malheureux! O douleur inouie!
Dieux! que n'est-ce déjà la trompette ennemie!
En sortant de ces murs, pourquoi n'allons-nous pas
Au glaive étincelant demander le trépas?

Il se précipite vers Thécla.

Thécla, regarde-moi: Thécla, ne crains personne.
Regarde encor l'amant qui t'aime et t'abandonne.

Apprenne qui voudra notre amour, nos malheurs.
Devant mille témoins laisse couler tes pleurs.
Qu'avons-nous à cacher? à quoi bon le mystère?
Il ne sert qu'aux heureux. Nous, dans notre misère,
Sans espoir, sans ressource, à souffrir condamnés,
Qu'importe l'univers à deux infortunés !

> *On entend de nouveau plus fortement les trompettes. Alfred regarde avec désespoir les officiers qui sont au fond du theâtre.*

Malheureux ! que prétend votre ardeur trop funeste !
Vous enviez encor le moment qui me reste :
Le dernier !... insensés qui d'un zèle égaré
Osez choisir pour guide un cœur désespéré....

> *On entend pour la troisième fois, et plus fortement encore, les trompettes.*

Encor : soit. Le destin pèse sur moi, m'entraîne.

> *En se retournant avec désespoir vers les officiers qui sont dans l'enfoncement.*

Je dévoue à la mort votre vie et la mienne.
Il ne sera plus tems de vous en repentir.
Venez donc : qui me suit doit s'attendre à périr.

> *Il se précipite au milieu des officiers qui l'entourent. Élise soutient Thécla et la conduit hors de la scène. Wallstein la suit. Illo, Tersky, Buttler suivent Wallstein.*

FIN DU QUATRIÈME ACTE.

ACTE CINQUIÈME.

SCÈNE I.

WALLSTEIN, ÉLISE *et, un instant après,* TERSKY.

Ce dernier, pendant que Wallstein parle à Élise, reste dans l'enfoncement.

WALLSTEIN *à Élise.*

C'est nourrir trop long-tems d'inutiles douleurs ;
Dites-lui, qu'un moment j'ai pardonné ses pleurs ;
Mais il faut réparer une erreur passagère ;
Oui : Thécla doit répondre à l'amitié d'un père,
Et son cœur, désormais, doit recevoir ma loi :
Ici, dans peu d'instans, je l'attends près de moi.

A Tersky. *Élise sort.*

Vous, approchez, Tersky : que vient-on de m'apprendre ?
Sans mon ordre, en ces lieux, qu'ose-t-on entreprendre ?
Eh quoi ! les citoyens, désarmés et proscrits,
Trouvent dans mes guerriers leurs plus durs ennemis !
Les cachots, pour saisir leurs victimes tremblantes,
Ouvrent de toutes parts leurs portes menaçantes.
Aux catholiques seuls les temples enlevés
Semblent aux novateurs par mes lois réservés.

Le Hussite féroce, en son intolérance,
Par des cris de fureur prélude à la vengeance.
Quel est donc cet abus de mon autorité ?
Pensez-vous...

TERSKY.

Oui, je pense à votre sûreté,
Seigneur; de mécontens un parti redoutable,
A l'Autriche vendu, cache un regret coupable.
Timide, il se résigne à la loi des combats;
Mais des sermens forcés ne me rassurent pas.
J'ai mis ces factieux hors d'état de vous nuire.
La rigueur est l'appui de tout nouvel empire.
J'ai sévi sans pitié. L'exil et les cachots
De ces mutins secrets préviendront les complots.
Songez que les traiter avec trop d'indulgence
C'est braver le parti qui prend votre défense.
Voulez-vous que, bientôt, triste et découragé,
Il abandonne un chef qui l'aura mal vengé ?

WALLSTEIN.

Quoi ! Tersky, faut-il donc, opposant crime à crime,
Etre persécuteur dès qu'on n'est plus victime ?
Et verra-t-on Wallstein, d'un vain soupçon pressé,
Imiter le tyran par son bras renversé ?

ACTE V. SCÈNE I.

Je ne le sais que trop. Jusqu'ici ma carrière
Par d'innombrables maux épouvanta la terre.
Semblables dans leur course aux vents impétueux, (42)
Mes guerriers dispersaient les mortels devant eux.
De ma longue indulgence un mot m'absout peut-être.
Je dépendais alors des volontés d'un maître.
Mes erreurs sont de lui ; mes vertus sont à moi,
Et mon destin nouveau me trace une autre loi.
Je ne suis plus Wallstein ivre du bruit des armes,
Possesseur d'un pouvoir grossi par les alarmes ;
Mais Wallstein couronné, Wallstein législateur,
Garant de l'équité, du faible protecteur.
Je veux que dans l'éclat de ma gloire nouvelle,
Le Prince bienfaisant efface le rebelle.
Je veux des factions appaiser les fureurs,
Non que les opprimés deviennent oppresseurs.
De mes guerriers surtout l'insolence m'outrage.

TERSKY.

Gardez-vous d'irriter leur farouche courage.
Ce peuple qui vous sert, leur valeur l'a soumis.
Ses biens sont leur partage, ils réclament ce prix.
Votre force est en eux ; leur grandeur est la vôtre,
Et le soldat et vous, vous régnez l'un par l'autre.

WALLSTEIN.

Qui ! moi ! de mes soldats monarque dépendant,
Caresser leur audace et régner en tremblant !
Moi, laisser le champ libre à leurs vastes caprices,
Dés biens de l'innocent acheter leurs services,
Me traîner sous leur joug, et lâche ambitieux,
Payer un sceptre vil de ce prix odieux !
Le chef qu'ils ont choisi n'est-il donc qu'un esclave?
S'il leur cède, avili ; menacé, s'il les brave?
C'est en vain qu'on s'en flatte, et je ne serai pas
Le fléau de mon peuple et le Roi des soldats.
Répare, sans tarder, les erreurs d'un faux zèle.
Réprime des guerriers l'avidité cruelle.
Des mains de l'innocent qu'on détache les fers :
Qu'à tous les citoyens les temples soient ouverts.
Que tous en liberté, protestans, catholiques,
Professent de leur foi les pieuses pratiques.
Wallstein honore ainsi, d'une égale équité,
Son culte primitif et son culte adopté. (43

Thécla entre, Tersky sort.

ACTE V.

SCÈNE II.

WALLSTEIN, THÉCLA, ÉLISE.

WALLSTEIN.

Écoute sans murmure et ton père et ton maître.
Je fus à tes désirs trop indulgent peut-être;
Du voile de l'oubli recouvrons le passé.
Par toi-même en ce jour ton destin fut tracé.
Le Danemarc, jadis, éprouva ma vengeance:
Son Prince, maintenant, brigue mon alliance. (44
Pour toi, de mes desseins limitant la grandeur,
J'avais daigné charger Alfred de ton bonheur.
Mais tantôt avec lui ton ame conjurée,
S'est, contre ton amour, devant moi déclarée.
Alfred a repoussé mes faveurs, mes bienfaits;
Il nous fuit: reprenons de plus nobles projets.
Ta main doit affermir le trône de ton père,
Et ton hymen m'assure un appui nécessaire;
Obéis. Autrefois je demandais aux cieux
Un fils, digne héritier du nom de ses aïeux,
Qui, marchant sur mes pas de victoire en victoire,

Couronnât mon ouvrage et surpassât ma gloire.
Inutiles souhaits ! le sort trop rigoureux
Ne voulut accorder qu'une fille à mes vœux ;
Que cette fille au moins cesse d'être rebelle !
Qu'elle oublie un amant à Wallstein infidèle !
Appaise, il en est tems, un tardif désespoir,
Etouffe ta faiblesse et remplis ton devoir.

THÉCLA.

Je dois à votre aspect déguiser ma souffrance :
Je le sais. N'exigez nulle autre obéissance,
Et ne prétendez pas qu'aux regards d'une cour,
Prisonnière, je traîne un malheur sans retour.
Sur mon cœur déchiré quand Alfred règne encore,
Je pourrais accepter un hymen que j'abhorre,
Et tromper, sans rougir, par un affreux serment,
A la fois un époux, le ciel et mon amant !
Non, non. Ne tentez plus un effort inutile ;
Laissez-moi loin d'ici me chercher un asile,
Mon père ; permettez qu'en des lieux retirés,
Par la religion aux larmes consacrés,
J'attende, vers le ciel élevant ma prière,
Le terme désiré de ma triste carrière.
Pour moi, tout autre sort n'est qu'un objet d'effroi.
Alfred seul...

ACTE V. SCÈNE II.

WALLSTEIN.

Cet Alfred est indigne de toi.
Sur les pas de Gallas l'ambition le guide ;
Il suit, sans en rougir, les traces d'un perfide :
Ton cœur, pour l'arrêter, fut d'un trop faible prix,
Il aspire aux honneurs dans les camps ennemis.

THÉCLA.

Que servirait ici que je le justifie ?
Le destin pour toujours sépare notre vie.
Puissiez-vous sur Alfred n'être point dans l'erreur !
Qu'il trouve, en d'autres lieux, la gloire et le bonheur.
Ces vœux, Seigneur, pour vous ne sont point un outrage,
Alfred à vos desseins ne porte plus d'ombrage.
Puisse-t-il loin de nous...

SCÈNE III.

LES PRÉCÉDENS, TERSKY.

TERSKY entrant avec joie.

Arnim victorieux
Vous envoie annoncer un exploit glorieux,
Seigneur : de nos succès s'ouvre ainsi la carrière.

WALLSTEIN.

En quels lieux ?

TERSKY.

Près d'ici.

WALLSTEIN.

Contre quel adversaire ?
Les chemins détournés qu'Armin doit traverser
N'offrent point d'ennemis qu'il ait pu repousser.

TERSKY.

Ses messagers, Seigneur, pourront mieux vous instruire.

WALLSTEIN.

Près de moi, sans retard, il les faut introduire.
Qu'ils viennent.

TERSKY.

Les voici.

SCÈNE IV.

Les précédens, un officier saxon, *suivi de deux autres qui demeurent dans l'enfoncement.*

WALLSTEIN.

Je vois avec plaisir
Les lauriers dont vos fronts viennent de se couvrir.
Pour nos communs travaux j'accepte ce présage.

L'OFFICIER.

Nous n'avons remporté qu'un léger avantage,
Seigneur; les combattans que nous avons vaincus
Ont tenté contre nous des efforts superflus.
L'on eût dit qu'à dessein ils couraient à leur perte.
De nos fiers bataillons la plaine étoit couverte,
Lorsqu'en nombre inégal, tout-à-coup, des guerriers
Contre nous avec rage ont poussé leurs coursiers.

WALLSTEIN.

Je ne puis concevoir quelle troupe ennemie
A sitôt sur Arnim dirigé sa furie.
Gallas a-t-il déjà rassemblé des soldats ?

WALLSTEIN.

L'OFFICIER.

Non : ce n'étoit point lui; nous connaissons Gallas.

Thécla, qui jusqu'alors n'a point écouté, s'approche et écoute avec inquiétude.

WALLSTEIN.

D'où venaient ces guerriers?

L'OFFICIER.

Leur rapide cohorte
D'Egra semblait à peine avoir quitté la porte.

Thécla écoute toujours plus attentivement.

WALLSTEIN.

Ils vous ont attaqué?

L'OFFICIER.

Non loin de ce rempart.

THÉCLA.

Ciel !

WALLSTEIN, *avec trouble et en prenant Thécla par la main.*

Laisse-nous.

THÉCLA.

Non, non, mon père, il est trop tard.

A l'officier.
Leur chef?

ACTE V. SCENE IV.

L'OFFICIER.

Il était jeune, et son fougueux délire....

THÉCLA.

Son nom?

L'OFFICIER, *avec étonnement.*

Madame, aucun n'a pu nous en instruire.
Tous sont morts...

Thécla chancèle. Son père la soutient.
Mais après le succès obtenu,
A leurs drapeaux sanglans nous avons reconnu
Cette troupe célèbre à vaincre accoutumée,
Le corps des cuirassiers, fameux dans votre armée.

Thécla tombe dans les bras d'Élise.

WALLSTEIN.

Thécla, reprends tes sens; Thécla, reviens à toi.
Amis, éloignez-vous. L'étonnement, l'effroi...
Je vous suivrai.

Tersky et les officiers sortent.

SCÈNE V.

WALLSTEIN, THÉCLA, ÉLISE.

ÉLISE.

Seigneur, je la vois qui respire.
Parlez-lui, votre voix...

WALLSTEIN, *ému.*

Que pourrai-je lui dire?

THÉCLA, *revenant graduellement à elle.*

Où suis-je! sur mes yeux un nuage épaissi...

Elle regarde son père.

Mon père...

Elle regarde autour d'elle.

Où donc est-il?... quoi!... n'est-il plus ici?...

WALLSTEIN.

Qui donc?

THÉCLA.

Celui... par qui... sa mort fut annoncée.

ÉLISE.

Ah! Madame, écartez cette horrible pensée,
Ranimez vos esprits; que nos soins, nos secours...

ACTE V. SCENE V.

WALLSTEIN.

Elise, à sa douleur laisse un plus libre cours.
N'arrête pas ses pleurs; que son cœur se soulage.
Elle saura pour moi ressaisir son courage :
Contre ce premier choc elle n'a pu lutter.

THÉCLA, *en se faisant violence.*

Mon père... je suis mieux... mais daignez m'écouter.
Vous voyez que déjà ma force est revenue.
Rappelez ce guerrier... Pourquoi fuit-il ma vue ?
Souffrez, souffrez qu'ici je le puisse revoir,
Que seule...

ÉLISE.

Non, Seigneur, craignez son désespoir.

WALLSTEIN.

Thécla ! pourquoi braver un tourment inutile ?

THÉCLA.

Lorsque je saurai tout, je serai plus tranquille.
Ne sais-je donc pas tout ?... Qu'apprendre sur mon sort ?...
Que veut-on me cacher ?... Je le sais.... il est mort.
Votre refus accroît mon angoisse cruelle :
A genoux... par pitié... mon père !

WALLSTEIN à *Élise.*

Qu'on l'appelle,
J'y consens.   *Élise sort.*
Tu le vois, je compte sur ton cœur :
Je te crois. Tu sauras surmonter ta douleur,
Digne sang du guerrier qui t'a donné la vie,
Toi, fille de Wallstein !

ÉLISE, *rentrant, à Thécla.*

Vous êtes obéie,
Madame, mais songez....

THÉCLA.

Revient-il ?

ÉLISE.

Le voici.

WALLSTEIN.

Thécla !

THÉCLA.

Mon père.... Adieu.... Qu'Élise reste ici.

Pendant ces deux derniers vers, l'officier qui a suivi Élise rentre, et Wallstein sort.

SCÈNE VI.

THÉCLA, ÉLISE, L'OFFICIER.

L'OFFICIER, *s'avançant vers Thécla, avec embarras et tristesse.*

Vous me voyez confus, Madame ; et j'ose à peine...
J'ai causé, malgré moi, votre frayeur soudaine...
Un hasard malheureux qu'on ne pouvait prévoir,
M'a forcé d'apporter...

THÉCLA, *avec dignité et douceur, et d'une manière contenue.*

C'était votre devoir.

Après un court silence.

Vous avez de mon cœur pénétré le mystère :
Mais il faut m'accorder une grâce dernière.

L'OFFICIER.

Madame !

THÉCLA.

Poursuivez le récit commencé.

En s'efforçant de paraître encore plus calme.

Je saurai... vous entendre... et mon trouble est passé.

L'OFFICIER.

Par ces tristes détails votre ame déchirée...

THÉCLA.

Non... je vous les demande... et j'y suis préparée.

L'OFFICIER.

Appelé par Wallstein, dans Egra cette nuit
Son fidèle allié devait être introduit.
L'armée avait atteint la distance marquée,
Et nous nous reposions jusqu'à l'heure indiquée.
Un tourbillon épais frappe nos yeux surpris :
L'avant-garde recule et crie aux ennemis.
A ces cris imprévus, chacun de nous s'élance ;
Mais, plus prompt que la foudre, un escadron s'avance,
Et, chassant, dispersant nos soldats sous ses coups,
Pénètre, avec son chef, jusqu'au milieu de nous.

*Thécla fait un mouvement. L'officier s'arrête jusqu'à
ce qu'elle lui fasse signe de continuer.*

Une attaque si prompte un instant nous désarme :
Mais, surmontant bientôt cette subite alarme,
Nos cavaliers d'Arnim reçoivent le signal.
Rougissant de leur trouble et du nombre inégal,
Nos guerriers indignés, de tous côtés accourent,
Cernent les ennemis, les pressent, les entourent :

ACTE V. SCÈNE VI.

A leur retour enfin tout chemin est fermé.
De se rendre, leur chef par le nôtre est sommé.
On le reconnaissait à l'écharpe éclatante
Qui ceignait en longs plis son armure brillante.

Thécla chancèle et s'appuye sur le dos d'un fauteuil.

Il s'arrête, et d'un signe animant ses soldats,
Il les presse, il les force à marcher sur ses pas.
S'élançant au milieu de l'épaisse mêlée,
Ils percent de nouveau dans la foule ébranlée :
Un de nos bataillons s'entr'ouvre dispersé.
Mais du jeune guerrier le cheval est blessé,
Il se cabre, résiste à la main qui le guide,
Tombe. Ses compagnons, dans leur élan rapide,
Ne peuvent retenir leurs coursiers effrayés,
Poursuivent leur carrière... et le foulent aux piés.

Thécla, qui a écouté ces derniers vers avec une angoisse toujours croissante, est prête à tomber. Élise la soutient.

Ah ! Madame.

THÉCLA, *rappelant sa force.*

Achevez.

L'OFFICIER.

En le voyant sans vie,
Ses cuirassiers soudain redoublent de furie.
Un sombre désespoir s'est emparé d'eux tous.

Prodigues de leur sang, ils reviennent sur nous.
Ces tigres acharnés ne daignent rien entendre.
Accablé par le nombre, aucun ne veut se rendre,
Tous enfin ont péri.

THÉCLA, *après quelques momens de silence, pendant lesquels l'officier veut s'éloigner. Elle fait un geste pour le retenir, et reprend d'une voix tremblante.*

Son corps inanimé...

L'OFFICIER.

Dans un cloître voisin nous l'avons renfermé.

THÉCLA.

Ce cloître...

L'OFFICIER.

Est près d'ici.

THÉCLA.

Son nom ?

L'OFFICIER.

Sainte Ildegonde.

THÉCLA.

Qui l'habite ?

ACTE V. SCÈNE VI.

L'OFFICIER.

Des sœurs de piété profonde,
Et dont l'austérité...

THÉCLA.

Quelle porte y conduit ?

L'OFFICIER.

Celle qui de ces lieux vers la Saxe...

THÉCLA.

Il suffit.

L'OFFICIER.

Le récit douloureux, arraché de ma bouche,
Madame, a ranimé...

THÉCLA, *d'une voix éteinte.*

Votre intérêt me touche...
Oui... je le crois... mon sort... obtient votre pitié :
Mais allez.

L'officier sort.

SCÈNE VII.

THÉCLA, ÉLISE.

THÉCLA, *avec une extrême agitation.*

Il me faut prouver ton amitié,
Elise : il faut partir, partir à l'instant même.

ÉLISE.

Partir ! que dites-vous ? Ciel ! dans ce trouble extrême !
Madame !

THÉCLA.

Il faut partir.

ÉLISE.

Vous me glacez d'effroi.
Où voulez-vous aller ?

THÉCLA.

Il n'est qu'un lien pour moi,
Son tombeau... viens, Elise, il m'attend, il m'appelle.

ÉLISE.

Thécla !

THÉCLA.

Tu fus toujours ma compagne fidèle.

ACTE V. SCENE VII.

Pour aller jusques là, prête-moi ton appui.

ÉLISE.

Qu'y pouvez-vous chercher?

THÉCLA.

Ce qui reste de lui.
Hâte-toi. Prends pitié du tourment qui m'agite,
Prépare tout.

ÉLISE.

Madame, une semblable fuite...
D'un monde soupçonneux redoutez les discours.

THÉCLA.

Est-ce donc dans ses bras, Elise, que je cours?

ÉLISE.

A travers nos guerriers comment sortir des portes?

THÉCLA.

Un peu d'or aisément séduira ces cohortes.

ÉLISE.

J'ignore les chemins.

THÉCLA.

Ma main te conduira.

ÉLISE.

Dans cette obscurité...

THÉCLA.

La nuit nous cachera.

ÉLISE.

Mais si l'on vous poursuit, si la garde attentive
Aperçoit, reconnaît...

THÉCLA.

Dans une fugitive,
Dans un être abattu, brisé par le destin,
Quel œil reconnaîtrait la fille de Wallstein!

ÉLISE.

Nous ne pourrons franchir une armée étrangère.

THÉCLA.

Le malheur librement peut parcourir la terre.

ÉLISE.

L'orage nous menace, et le ciel à grands flots....

THÉCLA.

Etait-il doucement sous les pieds des chevaux!

ÉLISE.

J'embrasse vos genoux, songez à votre père.

ACTE V. SCÈNE VII.

THÉCLA.

Mon père !... il régnera.

ÉLISE.

Redoutez sa colère.

THÉCLA.

Il a voulu régner : tout m'est indifférent :
De lui, de l'univers. qu'ai-je à craindre à présent ?
Quelle douleur encor peut m'être réservée ?

ÉLISE.

Quand dans ce lieu fatal vous serez arrivée,
Que ferez-vous ?

THÉCLA.

Peut-être il saura m'inspirer,
Peut-être, près de lui, je pourrai respirer.
Elise, un mouvement que je ne puis décrire,
Que je ne puis dompter, vers sa cendre m'attire.

ÉLISE.

Ah ! du moins attendez, Madame ! au nom du ciel !
Le tems.... le repos....

THÉCLA.

Oui, le repos éternel,

Celui qu'il a trouvé.... viens si je te suis chère ;
Tes vains retardemens augmentent ma misère.
Chaque instant qui s'écoule ajoute à ma douleur.
Ses généreux amis accusent ma lenteur.
Dans la nuit du trépas ils ont voulu le suivre,
A la mort de son chef aucun n'a pu survivre.
Ce qu'ils ont fait, ces cœurs endurcis aux combats,
Ces soldats, ces guerriers, je ne le ferais pas !
Oui, je cours te rejoindre, ombre chère et fidèle.

Thécla sort.

ÉLISE.

Elle m'échappe...on vient...Grand Dieu! prends pitié d'elle.

Élise sort à la suite de Thécla.

SCÈNE VIII.

BUTTLER, ensuite ISOLAN.

BUTTLER.

Quel bruit s'est fait entendre?... Ecoutons... tout se tait...
Isolan ne vient pas. L'heure fuit, tout est prêt.
Qui le retient ?

Isolan paraît.

C'est lui. J'attendais ta présence.

ACTE V. SCÈNE VIII.

Les Saxons vont entrer dans nos murs sans défense.
Alfred, vaincu par eux, n'a pu leur échapper.
Il faut cette nuit même, ou périr ou frapper.

ISOLAN, *étonné.*

Frapper ! et qui ?

BUTTLER.

Wallstein.

ISOLAN.

Que dis-tu ?

BUTTLER.

Dans une heure,
Pour nous sauver tous deux, il faut que Wallstein meure.
Isolan recule d'horreur.
Tu promis d'obéir. C'est à moi d'ordonner.

ISOLAN.

J'ai promis de combattre, et non d'assassiner.
Voilà donc tes projets ! quelle entreprise impie !
Tout couvert de ses dons, tu veux trancher sa vie !

BUTTLER.

De la reconnaissance il oublia les lois,
A la reconnaissance il a perdu ses droits.

ISOLAN.

Notre chef!

BUTTLER.

Il le fut.

ISOLAN.

Un bienfaiteur!

BUTTLER.

Un traître.

ISOLAN.

Un grand homme!

BUTTLER.

Un rebelle, ennemi de son maître.

ISOLAN.

Ton cœur ne frémit pas?

BUTTLER.

Wallstein seul doit trembler. Son arrêt est porté.

ISOLAN.

Qui voudra l'immoler?

BUTTLER.

Mes guerriers.

ACTE V. SCÈNE VIII.

ISOLAN.

Leur valeur abjecte et mercenaire,
Du trépas d'un héros dévore le salaire !
Mais nous, Buttler !.... Abjure un si lâche dessein ;
Rejoignons près d'ici Gallas et Géraldin.
Leurs soldats sont cachés dans la forêt prochaine.
Nous pourrons dans ces murs les faire entrer sans peine.
Les postes occupés par nos secrets amis
S'ouvriront devant nous.

BUTTLER.

Si nos vœux sont trahis,
Si Wallstein nous prévient?

ISOLAN.

Disputant la victoire.
Nous combattrons alors sans flétrir notre gloire.

BUTTLER.

C'est risquer trop de sang pour quelques vains lauriers.

ISOLAN.

Mourir dans les combats est le sort des guerriers,
Et mieux vaut mille fois leur trépas légitime
Que d'épargner ainsi leur sang au prix d'un crime.

BUTTLER.

Un crime ! Je punis un soldat révolté.

ISOLAN.

Oui, mais par un forfait cent fois plus détesté.

BUTTLER.

Un serment solennel à Ferdinand me lie.
Enfin, tout est permis à qui sert la patrie.

ISOLAN.

La patrie ! ainsi donc ce titre respecté
Couvre tes attentats d'un voile d'équité !
Repousser loin du trône une race avilie,
Couronner un héros, c'est servir la patrie,
Nous disais-tu jadis. Par la cour regagné,
Tu prétends aujourd'hui qu'il meure assassiné :
Ton poignard est levé sur sa tête blanchie,
Et c'est encor, dis-tu, pour servir la patrie !

BUTTLER.

A quoi bon du passé ce tardif souvenir ?
Le présent nous commande, il lui faut obéir.
Tout est prêt, suis-moi.

Il aperçoit Wallstein qui entre.

Ciel !

SCÈNE IX.

Les précédens, WALLSTEIN.

Pendant cette scène, Isolan reste constamment les yeux baissés, pensif, et comme agité intérieurement. Buttler, au contraire, se fait violence, pour paraître sans inquiétude.

WALLSTEIN *à Buttler, qui veut sortir.*

Un destin trop sévère
A d'un héros naissant terminé la carrière.
Je veux que mon armée, imitant mes douleurs,
Rende aux restes d'Alfred les funèbres honneurs.
Amis, vous l'aviez vu, dès sa plus tendre enfance,
Auprès de votre chef signaler sa vaillance :
Toujours aux premiers rangs il avait combattu.
Que n'espérions-nous pas de sa jeune vertu !
Hélas ! un vain scrupule égara son courage ;
Mais sa valeur encor mérite notre hommage.
Des fautes qu'il commit n'accusons que le sort.
Il n'est point de courroux que n'appaise la mort.

BUTTLER.

Aux cendres d'un transfuge, accorder tant de gloire !

WALLSTEIN.

D'un soldat qui n'est plus respectez la mémoire.

BUTTLER.

Il quitta vos drapeaux.

WALLSTEIN.

Il ne m'a point trahi.

BUTTLER.

Il abjura son chef.

WALLSTEIN.

Il pleura son ami.
Que ne peut-on me rendre un cœur aussi fidèle !

BUTTLER.

Seigneur, tous vos guerriers...

WALLSTEIN.

Oui..... je connais leur zèle.
Pour m'obéir, Buttler, c'est vous que j'ai nommé.
Rapportez dans ces lieux ce corps inanimé.
Hâtez-vous de partir. Demain avant l'aurore
Trouvez-vous près de moi.

BUTTLER.

Seigneur, plutôt encore.

ACTE V. SCENE IX.

A Isolan, à voix basse.
Viens.

ISOLAN.

Non, dans tes forfaits je ne veux point tremper.
Je vais trouver Gallas.

BUTTLER, *à part.*

Et moi, je vais frapper.
Buttler et Isolan sortent.

SCÈNE X.

WALLSTEIN, *seul.*

La pitié n'entre point dans leur cœur implacable.
Mobile est leur amour, leur haine inexorable.
Après un silence et quelques momens de méditation.
Tandis qu'ils m'écoutaient, leurs fronts étaient baissés. —
Ils détournoient de moi leurs yeux embarrassés.—
Ils s'observai nt l'un l'autre, et semblaient se contraindre.-
Quelle secrète voix m'avertit de les craindre ?
Dois-je vous écouter, vagues pressentimens ?
Vous m'avez sur Gallas abusé quarante ans.
Instinct confus, faut-il te prendre encor pour guide?
Es-tu la voix du ciel ? Non, le ciel est perfide.
L'amitié m'a trahi. Les astres m'ont trompé.

D'une éternelle nuit l'homme est enveloppé.
On interroge en vain l'inflexible nature.
Il faut donc marcher seul dans cette route obscure.
Seul, et sans un ami qui, me servant d'appui,
D'un trône solitaire adoucisse l'ennui !
Alfred est mort. Thécla, repoussant ma tendresse,
Me reproche en secret la douleur qui l'oppresse.
Les avides soldats sur mes pas empressés
Disputent les honneurs par mes mains dispensés.
J'aimais Gallas : le sort me l'a rendu parjure.
En vain d'un voile épais je couvre ma blessure ;
Pour oublier Gallas il faut tout oublier ;
C'est la moitié de moi qu'il faut sacrifier.
Chacun de mes exploits le retrace à ma vue.
Notre longue carrière ensemble parcourue,
Tant de nobles desseins ensemble exécutés,
Tant de maux, de périls avec lui supportés,
Tout nous était commun : sa lâche perfidie
De tous mes souvenirs a dépouillé ma vie.
Le passé tout entier semble m'abandonner.
Ce n'était pas ainsi que je comptais régner !
Trop aveugles humains ! déçus par la distance,
Nous lassons de nos vœux l'avenir qui s'avance.
Il se venge de nous, même en nous exauçant ;

ACTE V. SCENE X.

Il trompe nos désirs, même en les remplissant,
Et nos regards, à peine, en le voyant paraître,
Sous des traits si changés le peuvent reconnaître.
N'importe. Ces regrets qui viennent m'égarer,
Ces faiblesses du cœur, il les faut abjurer,
Ne voir dans les mortels qu'un instrument qu'on brise
Et qui sert d'autant mieux que plus on le méprise.
Impérieux destin, ton ordre est satisfait !
Tu m'entraînais au trône et j'y monte en effet.
Mais je sens dans mon cœur se flétrir l'espérance.
Je ne t'invoque plus. Je cède à ta puissance.
Comme un poids étranger je reçois tes bienfaits
Et me livre en aveugle à tes sombres décrets.
Rentrons. La nuit s'avance, et dans ce jour d'orage,
Trop de coups ont usé ma force et mon courage.
Le repos chassera ce trouble de mon sein :
Qui sait ce que l'aurore éclairera demain !

Wallstein sort.

SCÈNE XI.

THÉCLA, ÉLISE, *entrant par la porte opposée.*

THÉCLA.

Il s'éloigne : avançons. A peine je respire :
Où donc est le soldat qui nous devait conduire ?

ÉLISE.

Il s'est placé, Madame, aux portes du palais.

THÉCLA.

Je crains de m'égarer dans ces détours secrets ;
Va le chercher, Elise : ici je puis t'attendre.
A cette heure, en ces lieux, nul ne peut nous surprendre.
Cours et reviens.

Élise sort.

O vous, vous que je vais quitter,
Pardonnez. A mon sort je n'ai pu résister.
Au coup qu'elle a reçu votre fille succombe.
Vous marchez vers un trône et je cherche une tombe :
Je dérobe à vos yeux l'ennui de ma douleur.
Je vous laisse entouré de pompe et de splendeur.
Puisse le ciel du moins, content de mes misères,
Veiller avec bonté sur vos destins prospères !

ACTE V. SCENE XI.

ÉLISE, *revenant effrayée.*

Ah! Madame! d'effroi mon esprit éperdu....
Qu'allons-nous devenir! Hélas! tout est perdu.
Du palais assiégé gardant les avenues,
De farouches guerriers en ferment les issues.
J'ai, de loin, entendu les clameurs des soldats,
Le nom de l'Empereur et celui de Pallas.
On dit que par la ruse il a surpris nos portes,
Qu'Isolan contre nous a guidé ses cohortes :
On dit que de son fils ignorant le destin,
Il le veut arracher au pouvoir de Wallstein.
Il s'avance au milieu de la garde séduite :
Il va bientôt lui-même empêcher notre fuite.
J'ai vainement cherché quelques détours obscurs,
Déjà son nom partout commande dans ces murs.

THÉCLA.

Ciel! mon père est trahi. Viens.

ÉLISE.

Que voulez-vous faire?

THÉCLA.

Élise, à ce perfide on va livrer mon père.
On entend du bruit derrière le théâtre.
Courons le prévenir. Hâtons-nous : soutiens-moi.

Dieux! c'est Gallas.

SCÈNE XII.

Les précédens, GALLAS, GÉRALDIN, officiers, soldats.

GALLAS à *Thécla*.

Restez et calmez votre effroi.
Je ne viens point, vengeur inflexible et sévère,
Dans un ancien ami poursuivre votre père.
Fidèle, contre lui j'ai défendu l'état,
Mais j'ai su le sauver d'un horrible attentat.
L'auguste Ferdinand, qu'en ces lieux je remplace,
De ce peuple égaré daigne accorder la grâce.
Sa clémence pardonne aux citoyens soumis.
Ce pardon généreux à mes vœux fut promis.
J'exerce en cet instant l'autorité suprême,
Et Wallstein, avec vous, peut quitter la Bohême.

SCÈNE XIII.

Les précédens, ISOLAN, soldats, BUTTLER, *désarmé*.

GALLAS.

Isolan! quel effroi j'aperçois dans vos yeux!

ISOLAN, *avec trouble*.

Ne m'interrogez pas.

GALLAS.

Wallstein?

ISOLAN.

N'est plus!

THÉCLA, *en levant les mains au ciel, et tombant ensuite sans connaissance dans un fauteuil.*

Grands Dieux!

ISOLAN.

Par votre ordre, empressé de prévenir le crime,
J'allois aux meurtriers arracher leur victime.
Plein d'un espoir trompeur, de loin je les suivais
Dans les sombres détours de ce vaste palais.
J'entendais résonner sous ces voûtes funèbres

Leurs pas précipités au milieu des ténèbres.
J'appelle : mais en vain. Dans la profonde nuit,
De mes cris impuissans l'écho seul retentit.
Je parviens jusqu'au seuil. La garde était forcée,
Les soldats massacrés et la porte enfoncée.
J'entre : mais avant moi Buttler a pénétré.
J'aperçois le héros d'assassins entouré,
Immobile, intrépide, opposant pour défense
A ses vils meurtriers son auguste silence.
Je redouble d'efforts, je crie.... il est trop tard.
Le féroce Buttler saisissant son poignard....
Je n'ai pu de ce monstre arrêter la furie.
Il frappe, et sous son bras Wallstein tombe sans vie.
Mais à peine le coup a-t-il été porté,
Que chacun du forfait paraît épouvanté.
Un désespoir soudain saisit la troupe ingrate.
En longs gémissemens le repentir éclate,
L'un tombant à genoux, de remords dévoré,
Arrose de ses pleurs ce corps défiguré.
L'autre de ses bienfaits rappelle la mémoire,
Et couvert de son sang redit encor sa gloire.
Leurs larmes, leurs sanglots redemandent au ciel
Leur chef, leur bienfaiteur atteint d'un trait mortel,
Et dans l'affreux Buttler détestant leur complice

ACTE V. SCENE XIII.

Ils allaient de ce traître abréger le supplice.
J'ai suspendu leurs coups. On le traîne en ces lieux :
Qu'il reçoive le prix de son crime odieux.

GALLAS à *Buttler*.

Malheureux ! qu'as-tu fait ? oses-tu bien, perfide,
Offrir à mes regards ton aspect parricide ?
Monstre né des enfers ! dans ce cœur révéré
De quel droit plongeais-tu ton bras dénaturé ?

BUTTLER.

Vous-même, de quel droit me prodiguer l'outrage ?
Qu'ai-je fait, après tout, qu'achever votre ouvrage ?
Tous deux contre Wallstein nous avons conspiré :
Par tous deux à la fois le coup fut préparé.
Osez-vous à ma vue affecter l'innocence ?
Entre Buttler et vous quelle est la différence ?
Wallstein était mon chef, mais non pas mon ami.
Mon bras l'a poignardé, mais vous l'aviez trahi.
Qu'importe qu'à présent, mortel pusillanime,
Complice de son sort, vous pleuriez ma victime?

A Géraldin.

Ministre de l'état que Buttler sut venger,
Votre ennemi n'est plus : sachez me protéger.

WALLSTEIN.

GALLAS *à Géraldin.*

Vous, contre ma fureur, défendrez-vous ce traître?

GÉRALDIN.

Que Ferdinand prononce : il est seul notre maître.
Il fait signe à Buttler de s'éloigner. Buttler sort.

GALLAS.

O remords! ô douleur! triste fidélité,
Dans quel abîme affreux m'as-tu précipité!
A Thécla.
Et vous, qu'à peine ici j'ose nommer encore,
Pourriez-vous m'imputer un forfait que j'abhorre?
A veiller sur ses jours j'avais mis tous mes soins :
Isolan, ces soldats, ce peuple en sont témoins.
J'apportais son pardon. Le ciel, dans sa vengeance,
A trompé sans pitié ma plus chère espérance.

THÉCLA.

Qui me parle?... quel bruit me poursuit en ces lieux?
Elle regarde autour d'elle avec égarement.
Quelles traces de sang viennent frapper mes yeux?
Elle se lève.
Laissez, laissez-moi fuir... leur tombe est mon asile...
Là... le trépas m'attend sur leur pierre immobile...

ACTE V. SCÈNE XIII.

J'entends la voix des morts qui m'appelle auprès d'eux...
Oui, mon œil t'aperçoit, héros majestueux,
Toi que je vis toujours, guidé par la victoire,
Comme un astre éclatant répandre au loin ta gloire...
Un instant t'a plongé dans l'éternelle nuit !...
Tu fais signe à ta fille, et ta fille te suit.
Prophétique terreur, tu m'avais avertie.
Même heureuse, en tremblant je contemplais la vie.
Mon cœur, plein d'un effroi qu'il ne pouvait bannir,
Sentait peser sur lui le funèbre avenir.
Bonheur, espoir, amour, décevantes images,
Pourquoi m'entouriez-vous de vos trompeurs nuages?...
Ils ne sont point trompeurs... Dans les cieux réunis,
Mon père, Alfred...

GALLAS, *avec étonnement.*

Quel trouble égare ses esprits?
A Isolan.
Que dit-elle d'Alfred ?
Isolan se tait.

THÉCLA.

Maître des destinées,
Tu défends d'avancer le terme des années.
Par des coups redoublés me consacrant à toi,
Sans rival ici-bas tu veux régner sur moi.

Quand j'aspire au trépas, ta volonté m'arrête.
Sous ton joug redouté tu fais courber ma tête.
Mon ame vainement veut prendre son essor.
Ton ordre la retient : il faut attendre encor.
Mais aux pieds des autels, dans les larmes plongée,
Entre les morts et toi ma vie est partagée.
Je dois, en te servant, désarmer ton arrêt,
Et de la mort ainsi mériter le bienfait.
A Gallas.
Vous, si pour tant de maux quelque pitié vous reste,
Ne me retenez pas dans ce séjour funeste.
Ne me séparez plus du tombeau qui m'attend.
Un autre près de lui s'élève maintenant.
Laissez-moi réunir au nom de ma misère
A la cendre d'Alfred la cendre de mon père.

GALLAS.

Alfred ! dit-elle encore ! Isolan ! Dieux ! mon fils !
Parlez !

ISOLAN.

Il est trop vrai, Seigneur, et vos amis
Vous dérobaient en vain cette triste nouvelle.
Frappé dans un combat d'une atteinte mortelle,
Alfred...

ACTE V. SCÈNE XIII.

GALLAS.

Mon fils est mort ! sous le fer ennemi
Moi-même j'ai traîné mon fils et mon ami !
Alfred, unique espoir d'un cœur flétri par l'âge,
C'est moi qui t'ai frappé. Ta mort est mon ouvrage.
Trop malheureux ami que j'avais outragé,
Wallstein ! Wallstein ! hélas ! le ciel t'a trop vengé.

THÉCLA, *à Gallas, qui paraît abîmé dans le désespoir.*

Ce ciel, à mon insçu, vous punit par ma bouche.
Père de mon Alfred, votre douleur me touche,
Vous le pleurez : mon cœur ne sauroit vous haïr.
Ce cœur, déjà soumis au Dieu qu'il va servir,
Ce cœur, rempli d'Alfred, vous plaint.... et vous pardonne.
Méritez ce pardon. Défendez près du trône
De mon père expiré les malheureux amis.
Ils errent dans ces murs, menacés et proscrits.
Sauvez-les des fureurs d'une cour ennemie.
Rendez ce dernier culte à l'amitié trahie :
Je vais d'un Dieu sévère appaiser le courroux,
Et pleurer sur Alfred, sur mon père et sur vous.

FIN.

NOTES HISTORIQUES.

1) **WALLSTEIN.**

A<small>LBERT</small>-Wenceslas-Eusèbe de Waldstein, Wallenstein, ou Wallstein, naquit le 14 septembre 1583, à Prague, d'une famille noble, qui professait la croyance luthérienne. Son père s'appelait Guillaume de Wallstein, seigneur d'Hermannitz, et sa mère Marguerite de Schmirfitzky. On l'envoya, dans sa première jeunesse, à une école de Silésie où les protestans des contrées voisines faisaient élever leurs enfans. Il y montra bientôt le caractère impétueux et altier qui depuis le rendit si remarquable ; et sa conduite irrégulière le fit renvoyer de cette école. Il conserva toute sa vie le souvenir de cette circonstance de ses premières années ; et, trente ans après, étant en Silésie, comme généralissime de l'Empereur Ferdinand, il fit chercher par des soldats son vieux maître d'école, qui parut en tremblant devant lui. Wallstein, après s'être amusé quelque tems de sa frayeur, le renvoya comblé de présens. Wallstein fut placé comme page à la cour du Margrave de Burgovie, Prince de la maison d'Autriche, qui le fit voyager dans presque toute l'Europe. Il se distingua dans ses voyages par la facilité singulière avec laquelle il apprenait les langues, et adoptait les mœurs des pays qu'il parcourait : on le surnomma l'Alcibiade de son tems. Il fit ensuite une campagne en Hongrie, et à son retour il épousa une veuve âgée, mais dont il considérait la fortune comme nécessaire à ses projets d'ambition. Sa femme mourut bientôt, et lui légua toutes ses richesses. Wallstein épousa en secondes noces une fille du Comte de Harrach, favori de l'Empereur Ferdinand II, et obtint successivement le grade de Colonel, celui de Général, le titre de Duc de Friedland, de Prince d'Empire, et enfin, malgré les réclamations de l'Allemagne entière, la souveraineté du Mecklenbourg. On verra dans les notes suivantes quels exploits lui valurent ces éclatantes dignités. A l'époque où il fut destitué du commandement des armées impériales, il fut dépouillé du Duché de Mecklenbourg. Après sa destitution, il vécut dans ses terres en Bohême, avec une magnificence extraordinaire, donnant des pensions à une foule d'officiers qui s'étaient distingués sous ses ordres, et en offrant même à des hommes célèbres par d'autres genres de mérite. Il voulut, par exemple, s'attacher Hugo Grotius, pour l'engager à écrire son histoire. La retraite de Wallstein dans ses terres ne fut pas de longue durée : il fut remis par l'Empereur à la tête de ses troupes; mais ayant été soupçonné de conspirer contre lui, et de vouloir se faire Roi de Bohême, il fut assassiné le 25 Février 1634, à l'âge de cinquante ans. Il fut enterré à Gitschin, dans un couvent de Chartreux qu'il avait fondé. Il laissa une fille unique, qui épousa dans la suite un Comte de Kaunitz. Presque tous ses biens furent confisqués : on ne laissa à sa veuve que la terre de Neuschloss en Silésie.

2) *De prêtres entouré, Ferdinand nous dédaigne.*
Il gouverne pour eux, quand c'est par nous qu'il règne.

Ferdinand II professait pour les prêtres la vénération la plus profonde. — S'il m'arrivait, disait-il souvent, de rencontrer en même tems un ange et un religieux, le religieux aurait mon premier hommage, et l'ange le second.— Il devait à son éducation cette manière de sentir, qui, du reste, était celle de la plupart des Princes de sa maison. Rodolphe II était de même sous la domination des Jésuites. Ferdinand ayant perdu, dès sa douzième année, son père l'Archiduc de Styrie, avait été mis, par sa mère, sous la tutèle de son oncle, le Duc de Bavière, qui l'avait fait élever par les Jésuites à l'université d'Ingolstadt. Lorsqu'il prit en main le gouvernement des Etats paternels, il voulut aller en personne à Rome, demander à Clément VIII sa bénédiction; et en visitant Lorette, il s'engagea, par un vœu solennel, envers la Vierge, à faire triompher le catholicisme, au péril de son trône et de sa vie. Deux Jésuites, dont les noms ont acquis dans l'histoire des malheurs d'Allemagne une triste célébrité, Lammerman et Weingärtner, le gouvernaient despotiquement. Sa faiblesse pour eux était si notoire, qu'elle lui fut publiquement reprochée à la Diète de Ratisbonne, même par les Princes catholiques. Lorsque les insurgés de Bohême, sous la conduite du Comte de Thourn, étaient sur le point de prendre Vienne, on trouva Ferdinand avec son confesseur aux pieds d'un crucifix : et au milieu des succès du Roi de Suède, tandis que la Bohême était envahie, et l'Autriche menacée, cet Empereur ordonnait des processions, pour obtenir du Ciel qu'il détournât ces malheurs. Après l'assassinat de Wallstein, Ferdinand, qui récompensa libéralement ses meurtriers, fit dire trois mille messes pour le repos de son ame.

Hist. de Wallstein, par Herchenhahn.

3) Wallstein aux murs d'Égra rassemblant ses guerriers.

J'ai transporté toute la scène de ma pièce à Egra, quoique, dans celle de Schiller, les deux derniers actes seulement se passent dans cette ville ; Wallstein ne s'y retira qu'après l'abandon d'une grande partie de son armée, et lorsque la trahison de Gallas et de Piccolomini eut fait échouer ses premiers desseins. Il voulait y attendre les secours que les Suédois et le Duc Bernard de Weymar devaient lui amener ; mais je n'ai aperçu nul inconvénient à supposer que la conspiration commençât dans la même ville où elle finit, ce qui me dispensait de beaucoup de détails, sans intérêt pour le lecteur et sans influence sur l'action.

4) Si Gustave à Lutzen a reçu le trépas.

La bataille de Lutzen, dans laquelle Gustave périt le 16 Novembre 1632, est trop connue pour que nous soyons obligés d'entrer à ce sujet dans auun détail. Wallstein n'y remporta pas la victoire. Le général autrichien Pappenheim, l'un des hommes de guerre les plus illustres de ce tems, y fut tué; et les Suédois qui, loin d'être découragés par la mort de leur Roi, n'en combattaient qu'avec plus de fureur, forcèrent l'armée impériale à se retirer jusqu'à Prague, et lui enlevèrent ses munitions, son artillerie et ses bagages. Ferdinand fit cependant chanter un *Te Deum* à Vienne, en l'honneur de cette journée.

5) Bannier, digne héritier de son puissant génie.

Bannier fut l'un des généraux Suédois les plus célèbres de la guerre de trente ans. Il sauva l'armée suédoise, lors de la défection de l'Electeur de Saxe, après la bataille de Nordlingen. Il la sauva une seconde fois par une retraite admirable en Poméranie, à travers des dangers et des obstacles qui semblaient insurmontables. Il faillit surprendre toute la Diète de Ratisbonne, et l'Empereur Ferdinand III lui-même, en 1641. Il mourut enfin à Halberstadt, au mois de mai de la même année.

6) A son Roi qui n'est plus soumet la Germanie.

La mort de Gustave ne suspendit point les succès des Suédois. L'année même où il fut tué, toute la Saxe fut conquise par son armée. Peu de tems après, Bernard de Weymar, qui la commandait, envahit la Bavière, le Palatinat, la Franconie et l'Alsace. La bataille de Nordlingen interrompit le cours de ces victoires, mais Torstenson vengea bientôt l'honneur de sa patrie, à la bataille de Jankau, le 24 Février 1645, porta la terreur jusques dans Vienne, par l'apparition de son armée presqu'aux portes de cette capitale, et enfin ce fut la prise de Prague par le Général Königsmark, le 15 Juillet 1648, qui força l'Autriche à la paix.

7) Richelieu contre nous conspirant aujourd'hui
   Aux protestans ligués a promis son appui.

Durant tout le cours de la guerre de trente ans, la France appuya le parti protestant en Allemagne, et soudoya tous les Princes et tous les *Condottieri* qui portaient les armes pour ce parti, Mansfeld, Bernard de Weymar, Christian de Brunswick, etc. Richelieu encouragea tour à tour les Princes Allemands à exiger que Wallstein fût renvoyé, et celui-ci à usurper la couronne de Bohême, et à attaquer l'Empereur. Ce fut le père Joseph, ce capucin fameux dans les intrigues du ministère de Richelieu, qui fut choisi pour poursuivre à Vienne la destitution de Wallstein. Ce fut Charnassé, négociateur du Cardinal, qui fit conclure entre la Pologne et la Suède une trève de six ans, et donna ainsi à Gustave la liberté de tourner ses armes contre l'Allemagne. Il lui offrit de plus l'alliance de la France et des secours pécuniaires. Gustave les refusa d'abord, pour ne pas alarmer les protestans, par une alliance avec une puissance catholique qui, dans ses Etats, persécutait leur croyance. Mais enfin, le 13 janvier

1631, il conclut à Beerwald, dans la nouvelle Marche, un traité formel avec Louis XIII. Après la mort de Gustave, Richelieu appuya plus ouvertement encore le parti protestant, puisqu'il déclara la guerre à l'Espagne, et envoya une armée au-delà du Rhin, sous le Cardinal Lavalette, pour agir offensivement contre les Impériaux, de concert avec le Duc Bernard de Weymar.

8) *Sur son trône ébranlé l'a deux fois raffermi.*

Wallstein prit deux fois le commandement des armées impériales; la première fois, au moment où Christian IV, Roi de Dannemarc, se mit à la tête des protestans; la seconde, à l'époque où Gustave Adolphe remplaça Christian. Dans l'une et l'autre de ces circonstances, l'Autriche se trouvait dans les embarras les plus pressans. Lors de l'apparition de Christian IV, Tilly, à la vérité, avait remporté plusieurs victoires pour la ligue catholique. Il avait battu le Margrave de Bade, Mansfeld et Christian de Brunswick; mais les mesures hostiles des Etats de Basse-Saxe, la marche de Christian en Allemagne, les subsides envoyés à l'union protestante par Jacques I d'Angleterre, rendaient de nouveau la situation de Ferdinand très-critique. Il fallait une seconde armée qu'on pût envoyer contre les Danois; on n'apercevait nul moyen de la lever. Les ministres déclaraient qu'il n'y avait pas dans le trésor de quoi soudoyer seulement vingt mille hommes. Wallstein se présenta, et offrit d'en lever cinquante mille.— Cinquante mille hommes, disait-il, se nourrissent eux-mêmes aux dépens des pays conquis, tandis que vingt mille ne sont pas assez forts pour employer ce moyen de subsister.—Les offres de Wallstein ayant été acceptées, il mit sur pied non seulement cinquante mille hommes, mais cent mille. Avec cette armée, il s'empara du cercle de Basse-Saxe, de la Lusace, de la Franconie, battit partout Mansfeld, Bethlem Gabor, prince de Transylvanie, les Danois, et força enfin Christian à quitter l'Allemagne et à se retirer honteusement dans ses Etats. Lorsqu'après sa destitution Wallstein se remit de nouveau à la tête des troupes autrichiennes, les affaires de l'Empereur paraissaient désespérées. Gustave Adolphe avait chassé les Impériaux de la Poméranie et du Brandebourg ; il avait pénétré jusqu'au centre de l'Allemagne, et battu complètement Tilly près de Leipsick. Les Electeurs de Brandebourg et de Saxe s'étaient déclarés contre Ferdinand, avec beaucoup d'autres princes. L'Electeur de Trèves était en négociation avec la France; Celui de Bavière même, le plus fidèle allié de l'Empereur jusqu'alors, prêtait l'oreille à des propositions équivoques. La Bohême avait été envahie; Prague était tombé au pouvoir des ennemis. Wallstein reparut, et avec lui la victoire. Il reprit la Bohême, il arrêta Gustave devant Nurenberg. L'armée impériale, qui semblait anéantie, se trouva tout à coup de cent soixante mille combattans. Ce fut ainsi que la présence d'un seul homme changea subitement deux fois le sort de l'Europe.

9) *Par son ordre à Wallstein le pouvoir fut ravi.*

Au moment où Wallstein venait de rendre à l'Autriche ses Etats héréditaires, de dompter la moitié de l'Allemagne, et de chasser les Danois, tous les Princes allemands qu'il avait irrités, se réunirent au Duc de Bavière, son ennemi personnel, aux Jésuites, qui soupçonnaient la bonne foi de sa conversion, aux Espagnols, jaloux de ses succès, et aux agens secrets de la France, pour demander sa destitution. La Diète de Ratisbonne mit à ce prix l'élection d'un Roi des Romains, élection que Ferdinand II sollicitait pour son fils. L'Empereur, qui ne se laissait entraîner que malgré lui à cet acte d'ingratitude, voulut l'adoucir par des formes amicales. Il dépêcha vers Wallstein deux de ses amis intimes, qui devaient, en l'engageant à se soumettre et à résigner son pouvoir, l'assurer de la bienveillance impériale. Wallstein les reçut magnifiquement, et ne leur laissant pas le tems d'entamer leur négociation : « Les astres, » leur dit-il, m'ont annoncé déjà ce qui m'était ré- » servé. L'étoile de l'Electeur de Bavière l'emporte » sur celle de l'Empereur. Je n'accuse donc point » Ferdinand, et je ne suis fâché que pour lui de ce » qu'il n'a pas la force de me défendre. » Il renvoya ensuite les deux députés avec de riches présens, et se retira dans ses terres. Les officiers les plus distingués de son armée donnèrent leur démission. Il les retint en partie auprès de lui, en leur continuant leurs appointemens.

10) Et l'on te vit alors par l'ennemi pressé
   Supplier à genoux le héros offensé.

Lorsque Ferdinand, pressé de toutes parts par le Roi de Suède, se résolut à recourir une seconde fois à Wallstein, celui-ci témoigna la plus grande répugnance à reprendre la direction des armées de l'Empereur; il allégua même un serment par lequel il avait fait vœu de ne plus servir, et dont Ferdinand lui offrit de le faire relever par le Pape. La cour lui envoya, pour vaincre sa résistance, son neveu le Comte Maximilien de Wallstein, et son ami le Prince d'Eggenberg. Enfin Wallstein, à des conditions dont nous parlerons ailleurs, consentit à lever une armée. Son nom seul fit accourir sous ses drapeaux une multitude de vétérans de tous les pays. Les soldats quittaient par milliers les drapeaux du protestantisme, pour se ranger sous les ordres d'un général, qui se montrait leur père et leur bienfaiteur, sans acception de croyance.

11) Des rochers de l'Écosse aux champs de la Bavière
    Je me suis frayé seul ma sanglante carrière.

Buttler, le principal auteur de l'assassinat de Wallstein, était un écossais ou un irlandais, que Wallstein avait élevé au rang de Colonel, de simple dragon qu'il avait été pendant trente ans. Cet homme se réunit à deux de ses compatriotes, le Lieutenant-colonel Lessley, et le Colonel Gordon, commandant d'Egra, tous deux également comblés des bienfaits de Wallstein. Il est incertain s'ils se déterminèrent à assassiner leur bienfaiteur, d'après l'instigation directe des Ministres de la cour de Vienne, ou seulement dans l'espoir que cette preuve de zèle leur mériterait ses faveurs. Le 25 Février 1634, Gordon invita à souper chez lui, dans la citadelle, Illo, Tersky et Kinsky, les trois confidens de Wallstein, et à la fin du repas il les fit massacrer par trente soldats du régiment de Buttler. S'étant réuni ensuite à Buttler lui-même, et à un autre irlandais nommé Déveroux, capitaine d'hallebardiers, ces trois hommes, suivis de six hallebardiers de la compagnie de Déveroux, pénétrèrent dans l'appartement de Wallstein, qui était déjà couché. Celui-ci, que le bruit réveilla, s'élança de son lit vers la fenêtre. Déveroux s'approchant de lui, lui cria : — Es-tu le scélérat qui veut arracher à l'Empereur sa couronne ? Tu vas mourir. — Wallstein le regarda fixement, ouvrit les bras et présenta sa poitrine sans prononcer un seul mot. Les assassins le percèrent de leurs hallebardes, et il tomba mort, sans qu'aucun gémissement lui échappât. *Schiller, guerre de 30 ans, Tom. II, p. 244.*

12) Le Duc a le pouvoir de vous rendre justice.
C'est le premier des droits qu'il s'est fait accorder.

Wallstein ne céda aux instances des envoyés de l'Empereur Ferdinand, et ne se remit à la tête des troupes impériales, qu'en prescrivant les conditions suivantes : qu'il aurait seul le droit de faire la paix ou de continuer la guerre; qu'il serait et demeurerait toujours généralissime de l'Empire; qu'après avoir terminé la guerre, il aurait pour récompense, en toute souveraineté, l'un des Etats héréditaires de la maison d'Autriche; qu'il prononcerait seul, sans appel, et en dernier ressort, toutes les confiscations; qu'il aurait seul le droit de faire grâce; que le duché de Mecklenbourg lui serait assuré par un des articles de la paix; enfin que toutes les nominations, tous les avancemens, toutes les récompenses dans son armée, seraient entièrement et irrévocablement à sa disposition. Ces conditions furent acceptées, et Wallstein exigea leur accomplissement, celui surtout de la dernière, avec une hauteur qui dut humilier et offenser Ferdinand. Quand il recevait des ordres contraires, « encore » quelque nouvelle production de l'oisiveté des mi- » nistres de S. M., répondait-il. Dites-lui qu'elle s'oc- » cupe à Vienne de la chasse et de la musique. Mes » soldats n'ont pas besoin des avis de ses courtisans. » Un gentilhomme lui ayant apporté une patente par laquelle l'Empereur le nommait Colonel du premier régiment qui viendrait à vaquer, Wallstein fit rassembler tous les Colonels de son armée, leur présenta cet étranger comme leur héritier présomptif, et après l'avoir exposé aux railleries de la soldatesque, il le renvoya honteusement.

13) *Mais Tilly n'était plus.*

Tilly n'est que trop connu par sa cruauté, et par

la prise et l'affreux pillage de Magdebourg. On prétend qu'il avait été Jésuite dans sa jeunesse, qu'il ne but jamais de vin et ne connut jamais de femme. Il descendait d'une famille noble du pays de Liége. Il avait fait la guerre des Pays-Bas, et ensuite celle de Hongrie sous Rodolphe II. Entré au service de l'Electeur de Bavière, il donna à l'armée bavaroise une organisation qui lui valut de grands succès. Il fut généralissime de la ligue catholique, et à la retraite de Wallstein, il le remplaça dans le commandement de l'armée impériale. Il combattit, avec une fortune diverse, mais le plus souvent favorable, contre les généraux protestans, fut tour à tour vainqueur de Mansfeld et vaincu par lui, et enfin, ayant été complètement défait par Gustave sur le Lech, il mourut de ses blessures à Ingolstadt le 16 Avril 1632.

14) Mais du moindre soldat il connaît la patrie,
L'âge, le nom, le rang, l'origine, la vie.

Wallstein se faisait aimer de ses soldats, en rappelant devant eux leurs belles actions, dont il n'oubliait aucune. Il se promenait souvent au milieu d'eux, et mettant la main sur la tête ou sur l'épaule des braves qui s'étaient distingués, « c'est à » celui-ci, disait-il, que nous devons le gain de » cette journée ; la hardiesse de celui-là nous a » rendu un grand service dans telle autre occasion. » *Hist. de Wallstein, par Herchenhahn, Tom. II, Liv. VIII, pag. 17.*

15) *Il naquit protestant.*

La conversion de Wallstein fut occasionnée par une chute qu'il fit dans sa jeunesse, du haut d'un troisième étage. Il se crut conservé miraculeusement, et attribua toujours son salut à l'intervention de la Vierge Marie.

16) *De superstitions son cœur est dévoré.*
Souvent d'un front pensif et d'un œil égaré,
Des flambeaux de la nuit il suit la marche obscure
Et veut à lui répondre obliger la nature.

Wallstein ne fut pas le seul homme remarquable de son siècle, qui s'adonna à l'astrologie. L'Empereur Rodolphe II négligeait, pour s'y livrer, ainsi qu'à l'alchimie, tous les intérêts de son empire. Frédéric V, Electeur palatin, qui perdit ses Etats héréditaires pour avoir accepté la couronne de Bohême, s'était déterminé à cette entreprise hasardeuse, et au-dessus également de son caractère et de ses forces, par le conseil des astrologues. Tilly croyait aux présages, et la superstition le rendit humain une fois en sa vie. Lorsqu'il s'empara de Leipsick, il se préparait à faire éprouver à cette ville les traitemens rigoureux qu'il prodiguait à toutes celles que leur mauvais sort lui soumettait. Mais le hasard fit qu'il fut logé chez un fossoyeur, qui, plein de goût pour sa profession, avait décoré sa chambre d'ossemens et de têtes de morts. Tilly changea de couleur à cette vue; les craintes qu'il ressentit valurent à Leipsick des ménagemens auxquels ses habitans ne pouvaient s'attendre, et ses dispositions, dans la bataille qu'il livra peu de jours après, et qu'il perdit, portèrent encore l'empreinte du trouble qui le dominait. Ce fut durant ses voyages, et surtout à Padoue, que Wallstein commença à se livrer à l'astrologie. Il prit des leçons, dans cette science, d'un Italien nommé Argoli : et depuis il eut toujours avec lui un autre Italien, Battista Séni, qui consultait les astres sur tout ce que Wallstein voulait entreprendre. Ce Séni s'était engagé au service de Wallstein, pour vingt-cinq écus par mois ; mais Wallstein trouva ce salaire au-dessous de l'importance de cette profession et de sa propre dignité, et porta les appointemens de Séni à deux mille écus. On prétend que cet astrologue était vendu à la cour de Vienne, et qu'il contribua à entretenir Wallstein dans l'indécision qui causa sa perte. Ce fut par ses conseils que Wallstein consentit, lors de sa première destitution, à se démettre sans résistance du commandement. Séni le détourna de même d'un traité qu'il avait déjà conclu avec la Suède, et les Princes défenseurs du protestantisme (voy. note 25). Avant la bataille de Lutzen, où Gustave fut tué, Wallstein consulta son astrologue. Celui-ci répondit, que le ciel ne lui promettait pas la victoire, mais menaçait d'un grand malheur le général ennemi. Séni avait annoncé à Wallstein, qu'en s'emparant de la couronne de Bohême il affrontait un danger presqu'inévitable. — Soit, s'écria-t-il, je mourrai avec la gloire d'avoir été Roi de Bohême, comme Jules-César, bien qu'assassiné, a conservé celle d'avoir été Empereur romain. — Le jour de sa mort, et à l'heure même qui précéda cet événement, Wallstein s'était enfermé avec Séni et causait sur l'astrologie. Séni, lui prédit un grand péril pour cette journée. Wallstein, examinant les astres, prétendit que le péril avait existé, mais était déjà passé. Peu d'instans après, Séni le quitta, les assassins forcèrent sa chambre et le massacrèrent.

17) *Feuquiere, qui d'abord a secondé ses vœux.*

Feuquière, ambassadeur de France à la cour de Saxe, fut un des intermédiaires les plus actifs dans les négociations de Wallstein avec la Saxe et la Suède. En général, durant toute la guerre de trente ans, la France ne cessa jamais de jouer un double rôle. Pendant que Feuquière traitait avec Gustave, et encourageait Wallstein à dépouiller la maison d'Autriche de ses Etats de Bohême, l'envoyé de France, en Bavière, cherchait à inspirer à Maximilien de la défiance contre Wallstein, comme prêtant l'oreille aux propositions des ennemis de l'Empereur. Feuquière venait de recevoir de Louis XIII l'ordre de reconnaître Wallstein pour Roi de Bohême, et de contracter une alliance avec lui, lorsqu'il apprit l'assassinat de ce général.

18) *Un invisible agent de ce ministre habile,*
    Qui, remplaçant Gustave en un tems difficile,
    Partage les états du Germain consterné
    Et dicte ses arrêts à l'Empire étonné.

Axel Oxenstiern, chancelier de Suède, l'ami et

le confident de Gustave Adolphe, avait été rappelé par ce Prince en Allemagne, à la fois comme guerrier et comme négociateur. Au commencement de l'expédition suédoise, il commanda en Prusse un corps de réserve fort de dix mille hommes. Mais Gustave le chargea bientôt de traiter en son nom avec les Etats protestans. Il convoqua dans ce but une assemblée de ces Etats : elle allait s'ouvrir dans la ville d'Ulm, lorsque la mort inattendue du héros de la Suède jeta Oxenstiern dans une situation très-difficile. Simple chevalier dans son pays, il ne pouvait guères se flatter que les Princes des plus illustres maisons de l'Europe se laissassent diriger par un homme d'un rang si inférieur à celui qu'ils occupaient. L'activité, l'adresse et la fermeté d'Oxenstiern surmontèrent tous les obstacles, et après cinq mois de travaux, de voyages et de négociations, il obtint des Electeurs de Saxe et de Brandebourg, et de tous les Princes confédérés, qu'ils lui confieraient, presque sans réserve, la direction de la guerre. Il devint alors l'arbitre des destinées de l'Allemagne, dont il partageait les provinces entre les Princes qui servaient sous les drapeaux de la Suède. Chacun de ces Princes demanda et obtint de lui ce qui lui convenait du territoire allemand, à titre de fief de la couronne suédoise. Oxenstiern, malgré l'intérêt qu'il avait à ne pas s'aliéner le cœur de ses alliés, ne put toujours déguiser son mépris pour l'avidité avec laquelle des Souverains allemands sollicitaient d'un étranger quelques débris de leur propre patrie.

« Qu'on enregistre dans nos annales, dit-il un jour,
» pour en conserver l'éternelle mémoire, qu'un
» Prince de l'Empire germanique demanda une por-
» tion du sol germanique à un gentilhomme suédois,
» et qu'un gentilhomme suédois accorda cette de-
» mande à un Prince de l'Empire germanique. »

19) *Toute duplicité le révolte et l'offense.*

Je serais tenté de croire que Schiller a emprunté le beau caractère de Max. Piccolomini, que j'ai nommé Alfred Gallas, de celui du Comte Maximilien de Wallstein, neveu du Général. Ce jeune homme fut long-tems l'élève et le favori de son oncle, dont il avait obtenu l'amitié, en délivrant sa femme, que des paysans révoltés de la Bohême avaient arrêtée dans sa fuite, lors de la prise de Prague par les Saxons. Ayant appris ce que Wallstein méditait contre son Souverain, Maximilien partit pour aller le trouver, au milieu de son armée, et le détourner de son entreprise. Ni les menaces, ni les caresses, ni les séductions ne purent rien sur lui. Il résista à l'ascendant de son oncle, aux instances d'Illo et de Tersky, ses confidens, et après avoir bravé tous les genres de dangers, il quitta Wallstein, sans vouloir ni mériter sa bienveillance, en servant des projets qu'il condamnait, ni s'assurer les faveurs de la cour, en se déclarant contre un homme qui lui avait tenu lieu de père.

20) Nurenberg vit bientôt au pied de ses remparts
   Flotter des Suédois les nombreux étendarts.

La bataille de Nurenberg resta indécise ; mais on peut la regarder comme une victoire de Wallstein, puisque Gustave l'ayant attaqué avec une armée fort supérieure, fut, après dix heures d'un combat acharné, contraint à se retirer avec une perte de plus de deux mille hommes, sans avoir pu forcer Wallstein à sortir de ses retranchemens.

21) Ouvrir la Franconie à ce jeune Weymar.

Bernard de Weymar, le plus audacieux des Généraux allemands qui servaient sous Gustave Adolphe. Il ne dut qu'à lui-même ses succès et sa gloire ; car, bien qu'issu d'une maison souveraine, il ne possédait point d'Etats, et eut souvent à combattre le chef de sa famille, dont le caractère indécis n'osa se déclarer contre l'Empereur que lorsqu'il s'y vit forcé. Bernard de Weymar, après la bataille de Lutzen, fut nommé Général en chef, par les acclamations de toute l'armée suédoise, à la place de Gustave. Sa première opération fut de prendre Ratisbonne. Son opiniâtreté fut cause de la défaite de Nordlingen ; mais c'est la seule faute qu'on puisse lui reprocher. Il remporta sur les Autrichiens la victoire de Rheinfeld, où quatre des plus illustres Généraux de l'Empereur furent faits prisonniers. A la suite de ce triomphe, il s'empara de toute l'Alsace, et il avait osé concevoir le projet de s'y maintenir et de s'en déclarer le Souverain, en résistant à la fois aux armées françaises et aux forces impériales. La mort mit un terme à ses desseins ambitieux. Il mourut à Neubourg sur le Rhin, au mois de Juillet 1639, à l'âge de trente-six ans.

22) *Ce rebelle, auteur de tous nos maux,*
   De Thourn.

Henri Mathieu, Comte de Thourn, sans être né en Bohême, possédait des terres dans ce royaume, où il vint s'établir. Il avait servi avec distinction contre les Turcs. Il parut pour la première fois dans les troubles de sa nouvelle patrie, à l'occasion d'une dispute, élevée entre l'Abbé et les Bourgeois d'une ville qui voulaient bâtir une église utraquiste (nom que prenaient les protestans de Bohême). Le Comte de Thourn avait à se venger de la cour qui l'avait dépouillé d'une place importante. Il se fit nommer par le peuple défenseur ou protecteur de la religion, et se chargea d'aller porter à Mathias, prédécesseur de Ferdinand II, les réclamations des utraquistes. N'ayant pu obtenir justice, il marcha avec ses adhérens vers le château où étaient réunis les ministres de l'Empereur, et en fit jeter trois par la fenêtre. Ce fut l'origine de la guerre de trente ans, qui commença dès ce jour, le 25 mai 1618. Le Comte de Thourn peut en être regardé comme le premier moteur. Il se mit à la tête des insurgés, pénétra en Autriche, et souleva la Moravie contre Ferdinand II, qui avait remplacé Mathias. Il arriva enfin jusqu'à Vienne, et s'empara des faubourgs. Ayant été forcé de s'en éloigner, il y revint de nouveau quelques mois après, soutenu par Bethlem Gabor, Prince de Transylvanie. Mais il fut repoussé par Bucquoi et Wallstein. Il était au nombre des Généraux de l'armée Suédoise, lorsqu'elle s'embarqua pour l'Allemagne, sous les ordres de Gustave. A la prise de Prague par les Saxons, De Thourn fit une entrée triomphante et passa sur un pont où étaient encore exposées les têtes de ceux de ses partisans que les catholiques avaient fait périr. Il négocia sans cesse avec Wallstein, et fut dans la confidence de tous ses projets. Wallstein cependant le surprit à la bataille de Steinau, et le fit prisonnier avec environ trois mille Suédois qu'il commandait. L'Empereur donna ordre qu'il fût transféré à Vienne, pour y être exécuté comme chef de rebelles. Mais Wallstein le fit mettre en liberté, en disant qu'il n'était qu'un fou. Après la mort de ce Général, le Comte de Thourn perdit la faveur d'Oxenstiern, et l'histoire ne dit pas ce qu'il devint.

23) Plus d'un guerrier, seigneur, au sein de mon armée
Professe une croyance en Autriche opprimée.

Les armées qui combattaient, dans la guerre de trente ans, soit pour, soit contre la maison d'Autriche, étant composées en grande partie de soldats levés par des partisans qui les soudoyaient par le pillage, et se vendaient avec eux au plus offrant, il arrivait que les catholiques servaient sous les drapeaux du protestantisme, et que les protestans se trouvaient dans les armées Impériales. Buttler, Gordon et Lessley, les trois assassins de Wallstein, étaient protestans. Le dernier Général qui commanda les troupes Autrichiennes dans la guerre de trente ans, était un Hessois calviniste, nommé Mélander. Un fait assez singulier prouve la lutte de l'esprit militaire et de la croyance religieuse à cette époque. L'un des lieutenans de Wallstein, le Général Holk, avait dévasté la Saxe de la manière la plus cruelle, et persécuté les protestans avec un acharnement inexprimable. Etant tombé malade, et sentant sa fin prochaine, il se déclara protestant lui-même, et demanda un ministre de cette religion pour l'assister dans ses derniers momens. On en chercha vainement un de tous côtés. Holk les avait fait poursuivre avec une telle rigueur que tous avaient pris la fuite. Le Général mourant envoya ses soldats à leur recherche, promettant six cents écus à quiconque lui en ramenerait un. Tous leurs efforts furent long-tems inutiles. Enfin, l'on en découvrit un qui s'était caché dans le creux d'un arbre, au fond d'un bois. On le conduisit vers le Général, mais celui-ci venait d'expirer.

24) *Vous vouliez seul lever et nourrir vos soldats.*

On a vu, note 8, comment Wallstein nourrissait ses troupes. On évalue à six cent soixante millions d'écus, près de trois milliards de notre monnoie, les contributions levées en quatre ans par ce Général en Allemagne.

25) *Gallas est un appui que m'ont donné les cieux.*

J'ai substitué le nom de Gallas dans ma pièce, à celui de Piccolomini, qui se trouve dans celle de Schiller, mais je ne me suis pas pour cela écarté de l'histoire. Le Lieutenant-Général Gallas fut en effet celui que Ferdinand II nomma pour remplacer Wallstein, et qui fut chargé de réunir sous ses ordres tous les officiers et tous les soldats étrangers à la conspiration. L'amitié de Wallstein pour Ottavio Piccolomini était réellement fondée sur l'astrologie. Piccolomini étoit un militaire distingué, qui avoit acquis de la réputation par des victoires contre les Français, et par la défense de la Bohême contre les Suédois. Wallstein lui découvrit tous ses plans, et Piccolomini feignit de les approuver. Tersky avertit souvent Wallstein de se défier de lui; mais Wallstein répondait toujours, que la même constellation avoit présidé à leur naissance, et que Piccolomini ne pouvait le tromper. L'anecdote du cheval prêté à Wallstein par Piccolomini est un fait historique. Gallas et Piccolomini se servirent l'un après l'autre du même stratagème pour échapper à Wallstein. Le premier offrit à ce Général d'aller engager dans son parti plusieurs officiers qui avaient refusé sous divers prétextes de venir le joindre. Wallstein y consentit : Gallas, s'étant éloigné, ne revint plus. Wallstein s'étonnant de son absence, Piccolomini lui proposa de le lui ramener. Wallstein lui prêta ses propres chevaux, et Piccolomini alla se ranger sous les ordres de Gallas. Ils marchèrent ensemble contre Pilsen, pour y attaquer Wallstein, qui se retira à Egra avec les troupes qui lui étaient restées fidèles. Après l'assassinat de Wallstein, le commandement ostensible de son armée fut confié à Ferdinand, Roi de Hongrie, et la direction de cette armée à Gallas.

26) *Sur votre assentiment j'ai cru pouvoir compter.*

Wallstein ne négociait jamais que par des agens subalternes, et son penchant pour l'astrologie lui faisant souvent modifier ou ajourner ses projets, il ne donnait à ces agens que des instructions vagues, qu'ils étaient exposés à outrepasser. L'on en trouve la preuve dans un ouvrage curieux, rédigé, après la mort de Wallstein, par un des hommes qu'il avait le plus souvent employés comme émissaires. Cet ouvrage, resté manuscrit, est intitulé: *Relation véritable de ce qui s'est passé, depuis l'an 1630, époque à laquelle le Duc de Friedland fut destitué du commandement par sa Majesté Impériale, jusqu'à l'an 1634, qu'il a péri, entre le Comte Tersky, le Duc de Friedland, le Comte de Thourn, le Roi de Suède, et le soussigné, Jaroslaw Sesyna Raschin.* Ce Sesyna Raschin, l'agent habituel de Wallstein, obtint sa grâce, après l'assassinat de son maître, en remettant à la cour de Vienne cette notice de toutes les négociations dont il avait été chargé. Ce fut à l'époque de sa destitution, qu'animé par la vengeance, Wallstein entreprit, pour la première fois, de traiter avec le roi de Suède. Il demanda à Gustave de lui confier quinze mille hommes, auxquels se joindraient ses adhérens. Il se faisait fort avec cette armée de surprendre Vienne, et de chasser Ferdinand jusqu'en Italie. Wallstein fit faire cette proposition au Roi par le Comte de Thourn. Gustave la rejeta sous divers prétextes, et son refus laissa dans le cœur de Wallstein un ressentiment qui ne s'effaça jamais. Lorsqu'il reçut la nouvelle de sa mort, « Heureusement pour moi et » pour lui, s'écria-t-il, il n'existe plus. Il ne faut » pas dans l'Empire deux têtes pareilles. » Gustave ayant été tué, Wallstein entra de nouveau en négociation avec Oxenstiern pour la Suède, et avec Arnim pour la Saxe. Il proposa ses conditions, qui furent acceptées; mais, lorsqu'Arnim lui demanda par quels moyens il comptait réunir ses forces à celles des alliés, « C'est aux Allemands, dit-il, à se réunir » pour chasser l'ennemi commun, les Suédois. » Oxenstiern écrivit à Wallstein de sa propre main, pour lui offrir son assistance, parce qu'il savait, ajoutait-il, que telle avait été l'intention du feu Roi. Wallstein lui fit répondre verbalement : que le moment n'était pas venu. Les négociations de Wallstein avec Feuquière eurent le même sort. Elles se traitèrent par un intermédiaire, sans pouvoirs écrits, et furent aussi rompues par Wallstein. Au milieu de ces pour-parlers, il attaqua un corps de Saxons et de Suédois près de Steinau, et le fit prisonnier avec toute son artillerie et tous ses bagages.

Oxenstiern déclara plus d'une fois qu'il n'avait jamais pu démêler les véritables intentions de Wallstein. Sa conduite finit par inspirer aux alliés une telle défiance, qu'ils le soupçonnèrent de se feindre mécontent de l'Empereur, pour les surprendre, et pour livrer à Ferdinand les troupes qu'ils lui auraient confiées. Ces vacillations, cependant, ne sont pas inexplicables. Indépendamment de ce qu'il se laissait diriger par ses astrologues, Wallstein avait un double but. Il voulait enlever à l'Empereur le trône de Bohême; mais il voulait aussi délivrer l'Allemagne de toute domination étrangère. Il répétait sans cesse qu'il fallait se défaire des Suédois. « Ces intrus, disait-
» il, n'ont rien à voir dans l'empire. Renvoyons-
» les en les payant, si nous le pouvons ; et s'ils s'y
» refusent, chassons-les sans les payer. »

27) Ferdinand, Ferdinand! l'ami de ma jeunesse!
    Que j'ai si bien servi !..... lui de qui la tendresse
    Me combla de ses dons !..... je dus à ses faveurs
    Et ma première gloire et mes premiers honneurs.

L'Empereur Ferdinand n'était encore qu'Archiduc de Graetz, lorsque Wallstein mérita son amitié, en levant, à ses propres dépens, un corps de trois cents cavaliers, avec lequel il marcha au secours de l'Archiduc, engagé dans une guerre contre l'Etat de Venise. Wallstein se distingua dans la défense de Gradiska, assiégé par les Vénitiens. Il acquit de nouveaux droits à la reconnaissance de Ferdinand, en se déclarant pour lui, au commencement des troubles de Bohême. Il le délivra, un jour qu'il était entouré, dans son cabinet, de mécontens Bohémiens qui vouloient lui arracher par des menaces la confirmation de leurs priviléges, mais qui, à l'arrivée de Wallstein, se crurent environnés de troupes, et tombèrent aux genoux de l'Empereur en demandant grâce. Ferdinand, pour récompense, donna à Wallstein beaucoup de terres confisquées sur les rebelles. Ces services d'une part et ces faveurs de l'autre formèrent entre Wallstein et Ferdinand une liaison très-étroite, qui dura jusqu'à la destitution du premier.

28) Isolan est à nous.

Isolan ou Isolani, Général des Croates, devait tout aux bienfaits de Wallstein, dont il avait obtenu la faveur, n'étant encore que simple lieutenant, en enlevant, dans une escarmouche, deux drapeaux aux Suédois. Wallstein lui fit donner une récompense de deux mille écus, et Isolan les ayant perdus le même soir au jeu, Wallstein lui en fit donner autant le lendemain.

29) Remontez à ces tems de discordes fatales,
Où Procope et Ziska, victorieux long-tems,
Du trône et de l'autel sapaient les fondemens.

Tout le monde connaît Ziska, Général des Hussites, qui, tout aveugle qu'il était, fut toujours vainqueur des troupes de Sigismond, et dont la peau, étendue sur un tambour, mettait encore en fuite les armées impériales. Procope fut son successeur, dans le commandement des Hussites.

30) Rodolphe à leurs fureurs fut contraint de céder
Et prêta les sermens qu'on lui vint commander.

Rodolphe II, menacé par les Etats de Bohême, qui levaient des troupes contre lui, signa *la Lettre de Majesté*, par laquelle il accordait aux *utraquistes* (protestans de Bohême) les mêmes droits qu'à l'église catholique. On leur céda l'université de Prague : on leur permit de se nommer un consistoire particulier, entièrement indépendant du siége archiépiscopal de la ville. Toutes les églises qu'ils possédaient leur furent assurées. Les gentilshommes et les bourgeois eurent la faculté d'en bâtir de nouvelles. Les Etats furent autorisés à entretenir dix protecteurs ou défenseurs de la liberté, qui avaient le droit de lever des troupes. *La Lettre de Majesté* fit ainsi de la Bohême une espèce de république. Cette lettre fut confirmée par Mathias, successeur de Rodolphe.

31) Ferdinand aujourd'hui, avant sa longue injure
Déchire des sermens dictés par le parjure.

Après la prise de Prague par Tilly, Wallstein et Bucquoy, *la Lettre de Majesté* fut remise en original aux Généraux Autrichiens par les Etats de Bohême, et Ferdinand, assis sur son trône, la coupa en morceaux avec des ciseaux, et en brûla les fragmens.

32) Son cœur pour le héros que chérit sa patrie
Porta le dévoûment jusqu'à l'idolâtrie,
Et plein du souvenir d'un monarque adoré
Dans tous les souverains voit un objet sacré,

Peu de Princes ont excité un enthousiasme aussi vif, que celui que Gustave inspirait à ses sujets. Ce n'était pas seulement l'armée, c'était le peuple, c'étaient toutes les classes qui l'adoraient. Les adieux qu'il fit au sénat de Suède, le 20 mai 1630, en lui présentant sa fille, âgée de quatre ans, avant de s'embarquer pour l'Allemagne, sont peut-être ce que l'histoire nous transmet de plus noble et de plus touchant. Personne en Suède ne condamna l'entreprise de Gustave Adolphe, quoique son royaume ne parût encore menacé que d'une manière très-indirecte. Les amis, les parens, les femmes de ceux qui l'accompagnaient prirent congé d'eux et de lui sur le rivage, en versant beaucoup de larmes, mais sans aucun murmure. Nul ne révoqua en doute la justice de sa cause : nul ne désespéra du succès, quoique Gustave ne partît qu'avec trente mille hommes, pour en aller combattre plus de cent mille. Pendant la guerre, la conduite de Gustave acheva de le rendre l'idole des soldats. Il partageait avec eux toutes les fatigues, tous les dangers, toutes les intempéries des saisons. Il était leur compagnon, leur ami, leur confident, leur père : et sa sévérité contre ceux qui se rendaient coupables de quelque violence envers les habitans paisibles des pays qu'il parcourait, rehaussait encor sa douceur et sa bonté. Une piété profonde le distinguait. Avant le combat, il invoquait toujours à genoux la protection Divine. Après la victoire de Leipsic, il se prosterna sur le champ de bataille, pour offrir au ciel l'hommage de sa reconnaissance. L'enthousiasme des soldats Suédois pour Gustave allait jusqu'à la superstition : ils portaient sur leur poitrine des images de ce Prince, comme un talisman qui devait les préserver d'être blessés.

33) Ennemi généreux, Wallstein plus d'une fois
    A d'un péril pressant sauvé les Suédois,
    Souvent de mes guerriers j'arrêtai la furie,
    Vos bataillons épars, aux champs de Franconie,
    Me durent vers Gustave un facile retour...
    De là vient contre moi la haine de la cour.

Après la bataille de Nurenberg et la tentative infructueuse de Gustave Adolphe contre les retranchemens de Wallstein, ce dernier refusa de poursuivre le Roi de Suède dans sa retraite. Il n'attaqua pas même le camp Suédois, où il n'y avait pas plus de vingt mille hommes. Il défendit de mettre obstacle à la marche des troupes Suédoises, et d'inquiéter leur arrière-garde. L'Electeur de Bavière le sollicita vainement de profiter de la victoire, et ses refus éveillèrent de toutes parts les soupçons contre lui.

34) Seigneur, la confiance est l'ouvrage du tems,
    Et déjà nous traitons sans fruit depuis deux ans.

Voyez la note 25.

55) **Mansfeld vaincu par vous.**

Ernest de Mansfeld est l'un des plus remarquables des *Condottieri* du 17.ème siècle. Il était fils naturel du Comte de Mansfeld, officier Autrichien, qui avait commandé avec distinction les armées espagnoles dans les Pays-Bas. L'Empereur Rodolphe légitima Ernest de Mansfeld, qui fit lui-même ses premières campagnes sous les drapeaux de l'Autriche, et contre les protestans. Mais ayant changé de religion, il se mit au service du protestantisme. Il fit la guerre en Bohême, dans le Palatinat, la Franconie, l'Alsace, la Lorraine, en Hollande, en Westphalie, en Basse-Saxe, dans la Moravie, dans le Brandebourg et dans la Hongrie. Il se montra le plus zélé défenseur de Fréderic V, Electeur Palatin, qui fut quelque tems Roi de Bohême. Il fut mis trois fois au ban de l'Empire. Presque toujours battu, il reparaissait toujours plus fort après ses défaites. Toujours occupé de pillage, il vécut pauvre, n'employant ce qu'il enlevait aux peuples que pour recruter des soldats. Dès la première année de la guerre de trente ans, il marcha au secours des insurgés Bohémiens, et s'empara, le 21 novembre 1618, de Pilsen, l'une des plus grandes villes de ce pays. Mais le 10 juin 1619, il fut complètement battu par Bucquoi et Wallstein, et reperdit toute la Bohême. Il se jeta dans le Palatinat, échappa au Duc de Bavière, en le trompant par de fausses négociations, délivra Frankental, assiégé par les Espagnols, et alla piller l'Évêché de Spire, le Brisgau et l'Alsace.

Repassant ensuite le Rhin, il défit complètement le fameux Tilly. Mais Frédéric, l'Électeur Palatin, pour lequel il combattait, ayant licencié ses troupes, Mansfeld passa avec sa petite armée au service de Hollande, et dévasta la Westphalie au nom de cette république. Les Hollandais ne le conservèrent pas long-tems à leur solde, et il se mit en marche pour le Mecklenbourg, où il appuya l'expédition du Roi de Danemarc. Enfin, vaincu par Wallstein près de Dessau, il se réfugia en Transylvanie, et voulut engager Bethlem Gabor à le soutenir. Celui-ci, effrayé des victoires de Wallstein, se hâta de renvoyer Mansfeld de ses états, où il aurait attiré la guerre. Mansfeld dirigea ses pas vers Venise, après avoir congédié son armée qu'il ne pouvait plus entretenir, et suivi seulement de quelques officiers qui ne voulurent pas le quitter. Il tomba malade à Spalatro. Lorsqu'il sentit la mort approcher, il se fit revêtir de son uniforme, ceignit son épée, et s'appuyant sur deux de ses compagnons, il expira debout, âgé de quarante-six ans, le 20 novembre 1626.

36) *Le Danois fugitif de l'Empire chassé.*

Ce fut dans la septième année de la guerre de trente ans, que Christian IV, Roi de Danemarc, commença à se mêler activement des affaires d'Allemagne. Les Etats de la Basse-Saxe le nommèrent Directeur de leur Cercle; et il leva pour eux une armée de soixante mille hommes. Il fit alliance avec l'Angleterre, la Hollande, la Suède et le Prince de

Transylvanie. Mais, battu partout par Wallstein, il fut obligé de se réfugier à Gluckstadt. Wallstein le poursuivit, s'empara de toute la Jutlande, et soumit, par des victoires continuelles, tout le pays entre la mer Baltique, l'Elbe et la Vistule, les villes de Stade et de Gluckstadt exceptées. Après le siége de Stralsund où Wallstein échoua, il s'en vengea sur le Roi de Danemarc. Il l'attaqua près de Wolgast, et le défit complètement. Cette journée fut décisive. Christian s'embarqua le lendemain avec le reste de ses troupes, et, s'étant retiré à Copenhague, il fit une paix honteuse, en abandonnant tous ses alliés.

57) D'autres ont vu le jour dans cette île sauvage,
 Où le peuple sans frein, foulant aux pieds les lois,
 Se plaît à mépriser la majesté des rois.

L'époque de la conspiration et de la mort de Wallstein correspond précisément à la septième année des guerres civiles qui, pendant vingt-cinq ans, déchirèrent l'Angleterre.

58) Tu sais qu'aujourd'hui j'attends sous nos remparts
 D'Arnim et des Saxons l'importante assistance.

Arnim, quoique luthérien zélé, avait commencé par servir sous les ordres de Wallstein au siége de Stralsund. Il s'y était fait remarquer par son acharnement contre les partisans de sa propre croyance, et par des traits de duplicité et de perfidie que la guerre même n'autorise pas. A la destitution de Wallstein, Arnim, d'après ses conseils, prit du service contre Ferdinand, et devint Ministre de l'Électeur de Saxe. Il s'empara de l'esprit de l'Électeur, et, dévoué comme il l'était, à son ancien ami, il travailla de tout son pouvoir à détacher son nouveau maître des intérêts de l'Autriche. Les injustices de l'Empereur et les violences de Tilly secondèrent les efforts d'Arnim. C'était d'ailleurs un Général très-médiocre. A la bataille de Leipsic, les Saxons qu'il commandait furent mis en fuite dès le premier choc, et Gustave eut à réparer la lâcheté de ces alliés. Arnim fut plus heureux dans son expédition contre la Bohême; il chassa les Autrichiens de la capitale de ce pays. Mais il avait trouvé la Bohême presque dénuée de troupes, et il parvint à Prague sans avoir même eu de bataille à livrer. Il reperdit d'ailleurs ce royaume encore plus rapidement qu'il ne l'avait conquis, et à la première apparition de Wallstein, qui, rencontrant en lui quelque résistance dans leurs négociations secrettes, crut devoir le battre, pour lui inspirer plus de complaisance.

39) *Weymar aux Bords du Mein fonde un nouvel Empire.*

Oxenstiern avait promis à Bernard de Weymar la souveraineté de la Franconie.

40) *Mansfeld.*

Voyez la note 35.

41) *Albert ainsi lui-même a raffermi sa race.*

Albert, fils de Rodolphe de Hapsbourg, se révolta contre Adolphe de Nassau, et ayant attaqué et vaincu cet Empereur près de Worms, il fut élu à sa place le 24 août 1298.

42) Semblables dans leur course aux vents impétueux,
Mes guerriers dispersaient les mortels devant eux.

Toutes les histoires de la guerre de trente ans sont pleines du récit des violences commises par les Généraux Autrichiens contre tous les peuples, tant amis qu'ennemis de la maison Impériale.

43) Wallstein honore ainsi d'une égale équité
Son culte primitif et son culte adopté.

Wallstein, bien que converti au catholicisme, ne fut jamais persécuteur en matière de religion. Il fit bâtir à Gitschin un couvent pour les chartreux, un collége pour les Jésuites, et à Glogau une église pour les luthériens. Il se proposait d'établir en Bohême la liberté de conscience, et de rendre aux protestans exilés qu'il aurait fait revenir, celles de leurs terres confisquées dont l'Empereur lui avait donné la propriété.

44) Le Danemarc, jadis, éprouva ma vengeance,
Son prince maintenant brigue mon alliance.

A la paix de Lubeck, entre le Roi de Danemarc et Wallstein, il fut question du mariage de la fille de ce Général avec le Prince Ulrich de Danemarc. Wallstein offrait avec sa fille une dot immense, et

Christian IV considérait cette alliance comme très-avantageuse. Mais le Prince Ulrich fut tué traîtreusement, par les ordres de Piccolomini, dans un rendez-vous que Wallstein lui avait donné.

ERRATA.

Page xlviij, ligne 23, *s'il la refuse* lisez *s'il le refuse*
9, vers 9, Quel moyen *lisez* Quels moyens
33   4 Eh bien *lisez* Eh bien?
36   9 seigneur *lisez* Seigneur?
47   9 ambassadeurs, *lisez* Ambassadeurs.
58   13 ses *lisez* ces
65   6 hussites *lisez* Husites
70   5 lE'mpire *lisez* l'Empire
72   14 Je ne vous ai pas cru, *mettez* :
89   12 Le chancelier *lisez* Le Chancelier
94, ligne 15, *par degré.* lisez *par degrés.*
101, vers 2, *après ne savez-vous pas? mettez* ....
104   7 Alfred me disent-ils, *après* Alfred *mettez* ,
110   1 j'aimais *lisez* j'aimai
111   3 désavœux *lisez* désaveux
121   3 écoute-moi, *mettez* .
Ibid. 17 D'un pouvoir passager, *ôtez* ,
133   5 sa tendresse craintive, *ôtez* ,
Ibid. ligne 6, *ses regards* lisez *des regards*
142, vers 2, Armin *lisez* Arnim
166   5 obscure. *lisez* obscure,
184 26 refusa *lisez* refusa
194   4 Séni, *ôtez* ,
195   1 rappelé *lisez* appelé
206 20 avant *lisez* lavant

www.ingramcontent.com/pod-product-compliance
Lightning Source LLC
Chambersburg PA
CBHW050335170426
43200CB00009BA/1606